农业农村部首届涉农职业院校服务乡村振兴"名课名师"项目配套教材
上海市教育委员会课程思政示范课程配套教材
上海高职高专院校市级精品在线开放课程配套教材

U0366808

农产品配送管理

路以兴　主编

上海交通大学出版社

内容提要

  本书以农产品配送公司的业务流程为主线,以典型农产品配送公司的组织结构为支撑,根据行业内企业的真实工作内容及岗位配置,设置了创建农产品配送公司、农产品订单管理、农产品拣货管理、农产品流通加工、农产品配送管理、农产品配送成本管理、农产品配送绩效管理等7个项目24个技能任务。

  本书可作为高职高专院校农产品物流相关专业的教学教材,也可以作为生鲜电商从业人员、农产品物流公司从业人员、高素质职业农民的培训教材。

图书在版编目(CIP)数据

  农产品配送管理/路以兴主编.—上海:上海交通大学出版社,2022.8(2023.8重印)
  ISBN 978-7-313-26917-1

  Ⅰ.①农… Ⅱ.①路… Ⅲ.①农产品-物资配送-高等职业教育-教材 Ⅳ.①F252.8

  中国版本图书馆 CIP 数据核字(2022)第 139108 号

农产品配送管理
NONGCHANPIN PEISONG GUANLI

主 　 编:路以兴
出版发行:上海交通大学出版社 　　　　地 　 址:上海市番禺路 951 号
邮政编码:200030 　　　　　　　　　　电 　 话:021-64071208
印 　 制:苏州市古得堡数码印刷有限公司 　经 　 销:全国新华书店
开 　 本:787mm×1092mm　1/16 　　　　印 　 张:15.25
字 　 数:365 千字
版 　 次:2022 年 8 月第 1 版 　　　　　　印 　 次:2023 年 8 月第 2 次印刷
书 　 号:ISBN 978-7-313-26917-1
定 　 价:58.00 元

前言

本书为农业农村部首届涉农职业院校服务乡村振兴"名课名师"项目、上海市教育委员会课程思政示范课程、上海高职高专院校市级精品在线开放课程项目、上海农林职业技术学院领军人才项目的阶段性成果之一。

首先,本书坚持立德树人,是一本融入思政概念的教材。为贯彻习近平总书记关于高校人才培养的重要论述精神,落实立德树人这一根本任务,发挥教材的育人功能,本书为每个项目设置了思政目标,形成了相对稳定的课程思政框架,通过"教师言传身教""思政案例浸润""学员模拟感知""劳模精神感染""考核制度约束"五种方式开展思政育人,形成了从认知层面到心理层面,到行为层面,到价值层面,再到保障层面,逐步递进的"五位"一体的思政价值塑造模式,课程思政育人效果显著。教材中有 38 个课程微课、24 个主题思政案例、24 个实操项目、2 次劳模工匠进课堂活动、36 个思政素质考核题(占总测试题 15%),这些资源为推进"五位"一体的思政价值塑造奠定了基础。据此编写的案例《"五位"一体的课程思政价值塑造模式探索与实践》获上海市高职高专教学研究会"上海市高等职业教育深化教学改革优秀案例"一等奖。

其次,本书注重任务驱动,是一本工作手册式教材。本书注重内容的新颖性和实践性,基于"任务驱动、成果导向"的教学理念,根据行业企业发展动态,联合赤途(上海)供应链管理有限公司等企事业单位的专家共同编写,融入了碳达峰等新概念 6 个、机器人拣货等新技术 12 项、最新国家标准 11 项,确保了内容的新颖性;将本书章节设置为工作项目的形式,每个项目下设置了小任务,为每个任务编制了"工作流程",并设定了成果要求。读者们在任务成果的导向下,以规定的"工作流程"为指导,根据任务要求去学习相关的知识,锻炼相关的技能,最终以成果鉴定的形式完成任务的学习。任务驱动、成果导向的教学理念,成就了这本工作手册式教材。

再次,本书线上线下资源相结合,是一本融媒体教材。本书是上海高职高专院校市级精品在线开放课程《农产品配送管理》的配套教材,不但包括专业理论知识,还包括技能实训项目;包括通向各数字资源的二维码,也包括课堂实训步骤安排。本书的数字资源中有动画、微课、音频、小测试、文档,可以通过扫码登录课程平台学习,实现了教材资源与课程平台的互联互通,在教材资源相对固定的情况下,依托学习平台实现了课程的交互性。所以说,该书是一本新式融媒体教材。

最后,本书坚持以学员为中心,在语言修辞上,突破"教"的视角,注重从学员角度描述问题,让学员知道学什么、怎么学;在各项目体例设计上,有项目概况、项目目标、项目相关岗位等模块,让学员清楚各项目涉及的岗位、技能要求;在各子任务体例设计上,有任务描述、任务目标、成果要求、任务实施、必备知识等模块,遵循了"认知任务—实施任务—学习知识"的认知规律;在任务实施环节,有标准工作流程、学习步骤、学习成果等模块,让学员清楚的知道怎么做,怎么学;在学习步骤安排上,结合混合式教学的特点,有课前自主学习(课前思、课前学、课前做、课前测)、课中协作学习(课中查、课中练、课中评)、课后探究学习(课后悟)等三大环节、八个步骤,学生根据步骤完成任务即完成课程学习。语言修辞、教材体例上的优化,充分考虑了学员的中心地位,使得本教材更是一本"学材"。

本书由上海农林职业技术学院的路以兴担任主编,上海市物流学会副秘书长张三敏,上海美凯龙尊科设计有限公司副总裁黄春晓,赤途(上海)供应链管理有限公司总经理闫永立,上海农林职业技术学院吴政春、王颖参与编写。具体分工如下:路以兴负责项目1、项目2、项目5、项目7的编写;吴政春、王颖负责项目3、项目4、项目6的编写;闫永立负责提供项目1、项目4、项目5中各任务的案例资料,并参与、指导任务实施的编写;黄春晓负责提供项目2、项目3中各任务的案例资料,并参与、指导任务实施的编写;张三敏负责提供项目6、项目7中各任务的案例资料,并参与、指导任务实施的编写。路以兴负责编写提纲并统稿,张三敏参与提纲修改工作。

在编写过程中,本书参考了有关专家、学者的论著,汲取了一些有启发性的观点和有价值的资料,由于篇幅所限,我们无法一一列举,在此谨向各位作者表示衷心的感谢! 由于时间仓促,加之编者水平有限,书中存在的问题和不足,祈望专家、学者和读者不吝赐教。

编 者

2022 年 6 月

"五位"一体的课程思政价值塑造模式

① 认知层面：教师言传身教

价值成长的**关键点**：教材中二维码关联的38个微课均为课程团队出镜拍摄，通过教师严谨的教学组织安排、幽默的冷链知识讲解、娴熟的冷链技能操作、无私的冷链企业服务、热情的学生职业发展指导等言行来感化学生，让思政价值塑造"入脑"

② 心理层面：思政案例浸润

价值成长的**切入点**：教材任务中嵌入主题思政案例24个，实现了项目任务的全覆盖，例如，通过新冠疫情封控期间居民农产品短缺的民生问题，激发同学们从事农产品配送的使命和担当；通过保鲜措施不当导致的农产品损耗，告诉学生掌握保鲜技术就是节约粮食的道理；通过科学的车辆调度可以节约燃油，告知学生节约燃油就是减少碳排放的环保举措……，思政案例浸润让思政价值塑造"入心"

③ 行为层面：学员模拟感知

价值成长的**突破点**：教材中的24个项目任务均需要学员在操作中完成，主要有"规划农配中心区域、构建公司组织结构、农产品订单大数据分析、摘果式拣货、大米真空包装、车辆调度、装车配载、控制农产品配送成本、农产品配送绩效管理"等任务，有的任务需要诚实守信，有的需要吃苦耐劳，有的需要脚踏实地，有的需要团结友善，通过任务操作让思政价值塑造"入行"

④ 价值层面：劳模精神感染

价值成长的**着力点**：教材任务实施过程中，安排"劳模工匠进课堂"活动2次。在项目任务1.1进行中，邀请上海农业工匠王印进课堂，报告主题"我与都市农业有个约会"，旨在培养学生"尚农爱农"的意识；在项目任务5.2进行中，邀请上海农业工匠王取红进课堂，报告主题为"冷链物流的高大尚"，旨在培养学生"遵守原则、追求高效"的职业精神。通过劳模工匠精神的感染，让思政价值塑造"入情"

⑤ 保障层面：考核制度约束

价值成长的**落脚点**：教材章节测验中思政素质考核类题目占比15%，有单选、多选、判断等多种题型，实现了项目任务的全覆盖。比如，通过职业意向测试，了解学生助农强农的意愿；通过保鲜温度要求测试，了解学生知农懂农的本领；通过农产品过度包装案例，测试学生环保意识；通过配送员违反交通法规案例，测试学生遵纪守法的意识；通过配送员送货及时率重要性分析，测试学生信守承诺的素质等，思政素质考核让思政价值塑造"入魂"

课程思政价值塑造树

项目四
农产品流通加工
思政目标
率真诚实、崇尚
环保

任务12：水果保鲜包装管理
思政元素：精于专注、诚于品质
任务13：蔬菜保鲜包装管理
思政元素：率真诚实，专于新鲜
任务14：大米保鲜包装管理
思政元素：崇尚环保、追求和谐

任务9：摘果式拣货管理
思政元素：吃苦耐劳、乐观向上
任务10：播种式拣货管理
思政元素：脚踏实地、认真负责
任务11：机器人拣货管理
思政元素：崇尚技术、勇于创新

项目三
农产品拣货管理
思政目标
崇尚技术、勇于
创新

项目五
农产品配送管理
思政目标
遵守原则、信守
承诺

任务15：车辆调度管理
思政元素：公而忘私、追求最优
任务16：装车配载管理
思政元素：遵守原则　追求高效
任务17：配送交接管理
思政元素：信守承诺　彬彬有礼

任务5：订单有效性分析
思政元素：爱岗敬业、精益求精
任务6：客户优先权分析
思政元素：实事求是、公平公正
任务7：异常订单处理
思政元素：镇定自若、心胸开阔
任务8：订单大数据分析
思政元素：思维缜密、恪守规则

项目二
农产品订单管理
思政目标
爱岗敬业、精益
求精

项目六
配送成本管理
思政目标
精打细算、遵
纪守法

任务18：确定配送成本构成
思政元素：知识扎实、业务精通
任务19：核算农产品配送成本
思政元素：忠于职守　遵纪守法
任务20：控制农产品配送成本
思政元素：精打细算　考虑周全

任务1：确定农配公司类型
思政元素：尚农爱农　立志为农
任务2：构建公司组织结构
思政元素：助农强农　追求卓越
任务3：规划农配中心区域
思政元素：知农懂农　勤俭节约
任务4：选购农配中心设备
思政元素：品德高尚、克己奉公

项目一
创建农产品配送
公司
思政目标
尚农爱农、
立志为农

项目七
配送绩效管理
思政目标
为人正直、
团结友善

任务21：品控部绩效管理
思政元素：善于沟通　团结友善
任务22：订单部绩效管理
思政元素：处事冷静　情绪稳定
任务23：拣货部绩效管理
思政元素：为人正直　风趣幽默
任务24：调度部绩效管理
思政元素：谦虚谨慎　善于学习

助农强农兴农的使命

组织冷链配送的智慧

保障居民饮食的担当

目录

项目 **1**
创建农产品配送公司

项目概况

　　乐实农业发展有限公司坐落于上海松江,公司主营业务为果蔬、水稻的种植、销售及配送。公司果蔬种植总面积 5 000 亩,其中蔬菜 3 500 亩,主要种植青菜、蓬蒿、菜心、米苋、洋葱、黄瓜六种蔬菜,年产 30 000 吨左右;水果 1 500 亩,主要有水晶梨、葡萄、黄桃、水蜜桃、蓝莓、西瓜等六种,年产 1 200 吨左右;种植松江大米 500 亩,年产 250 吨。公司主要客户为上海市大型国企、外资企业、大中小学校食堂。公司的农产品配送业务目前采用外包第三方的模式,每天有 40 车左右的配送任务。近期的客户回访发现客户对公司农产品配送服务满意度不高,甚至有个别客户与配送商发生纠纷的情况,客户投诉电话的数量有上升趋势。故公司欲停止与该外包公司的合作,成立上海乐实农产品配送有限公司(以下简称乐实农配公司),并新建乐实农产品配送中心。经董事会讨论,由张尚农担任配送公司总经理,全权负责乐实农配公司及农配中心的筹建工作。张尚农在农产品流通领域已工作十年有余,出于对建设现代农业的追求,张尚农始终严格要求自己,工作踏踏实实,在农产品保鲜、农产品包装、农产品配送等方面取得了不少成绩,得到了领导及同事的认可。接到新任务后,张尚农深感责任重大,经过三天三夜的思考,张尚农已有了一些头绪,决定开展四项工作:分析不同配送类型的利弊,确定农配公司的类型;构建农配公司组织结构,组建农配公司的人员队伍;规划农配中心区域布局,确定各区域功能;选购农配中心设备,保障农产品质量。

项目内容

项目任务	相关知识	新概念、新技术、新标准
1.1　确定农配公司类型	农产品配送公司的类型	新概念:未来配送中心
1.2　构建公司组织结构	农产品配送公司的组织结构	新概念:京东 JDX 事业部
1.3　规划农配中心区域	农产品配送中心的区域规划	新标准:食品低温配送中心规划标准
1.4　选购农配中心设备	农产品配送中心的设备	新技术:智慧温湿度实时监测系统

项目目标

　　(1)知识目标:熟悉农产品配送公司的类型及特点,掌握配送公司类型选择的方法;熟悉农产品配送公司的主要岗位及职责,掌握农产品配送公司常见的组织结构;熟悉农产品配送中心的主要功能，掌握农产品配送中心的常见区域；熟悉农产品的特点，掌握农产品配送中心常用设备的功能。

（2）技能目标：能根据公司现状，为农产品配送公司选择配送类型、创建组织结构、规划作业区域、选购设施设备。

（3）价值目标：尚农爱农、立志为农；助农强农、追求卓越；知农懂农、勤俭节约；品德高尚、克己奉公。

相关岗位

总经理
岗位职责：执行公司有关章程及董事会决议，对董事会负责并报告工作；主持公司的生产、经营、管理工作，对公司的经营效益、安全生产全面负责；将公司的生产经营和投资等重大事项提交董事会进行研究和决策；认真执行国家的法规和政策，组织和制定公司的方针、目标，健全公司管理体系，组织和制定公司年度生产、经营、发展、人事、劳资、福利等计划，报公司董事会批准实施；确定公司的行政管理机构设置，提名任命企业的中层干部，报董事会批准，明确相关人员的职责、权限和相互关系，提供管理体系运行所需资源等。
任职资格：本科学历及以上，具备 10 年以上的工作经验，其中具有 5 年以上的配送管理工作经历，3 年以上的团队管理经验；具备优秀的项目管理、团队管理、沟通表达、组织协调能力，思维清晰，具备良好的判断和分析能力，抗压性强，勇于承担压力和敢于挑战；了解行业发展趋势，对新技术与新应用有敏锐的洞察力，有前瞻性和创新能力；身体健康，年龄原则上不超过 40 周岁，条件优秀者可放宽至 43 周岁。
职业发展：总经理一般是从部门经理晋升上来的，其职业发展方向为大型企业的物流总监。成为物流总监，需要丰富的人际关系、雄厚的社会资源、渊博的专业知识、极强的沟通能力、敏锐的洞察力、卓越的管理能力等。
薪资待遇：总经理的薪酬一般在 2 万～15 万每月，具体待遇因公司发展现状不同而相差较大。

配送经理	品控主管
岗位职责：根据公司总体战略规划，领导统筹配送部门整体工作，制定部门的发展规划和各项工作目标的达成方案；制定与控制部门运作成本预算；制定物流解决方案，提升客户满意度；参与仓储管理系统（WMS）、配送管理系统（TMS）的规划及设计；负责部门生产质量和各环节运作的关键绩效指标（KPI）的达成情况；对配送分拣工作规划进行总结和完善；控制并降低损耗，认真执行公司 5S 管理等。	**岗位职责**：负责建立公司农产品品质标准、产品采购验收标准体系；根据公司整体质量状况制订质量控制方案和工作计划；对采购、出入库环节进行全程监督，并完成相关质量检查记录；负责调查、汇总及反馈产品质量情况；监控在库农产品品质，优化农产品保鲜环境，并定期更新、优化农产品的保鲜、保质的工作方案。
任职资格：专科及以上学历；5 年以上的工作经验；精通农产品流通专业知识；精通仓储管理系统（WMS）/企业资源计划（ERP）等系统操作，精通农产品供应链各环节操作；具备较强的责任心和担当精神，较强的组织管理能力、沟通协调能力，较强的团队合作精神。	**任职资格**：专科及以上学历；3 年以上的工作经验；精通各农产品特点；精通农产品流通专业知识；精通农产品保鲜、保质操作；具备较强的责任心和担当精神，较强的组织管理能力、沟通协调能力，较强的团队合作精神与职业素质；持有驾照、物流管理职业技能等级证书者优先。
职业发展：配送经理一般是从各部门主管晋升上来的，其职业发展方向为总经理。	**职业发展**：品控主管一般是从品管员晋升上来的，其职业发展方向为质量经理、配送经理。
薪资待遇：1 万～5 万。	**薪资待遇**：0.8 万～1.5 万。

（备注：以上表格内容为在前程无忧网搜集、整理后的信息，仅供参考。整理时间：2021 年 12 月。）

附：乐实农配公司组织结构图

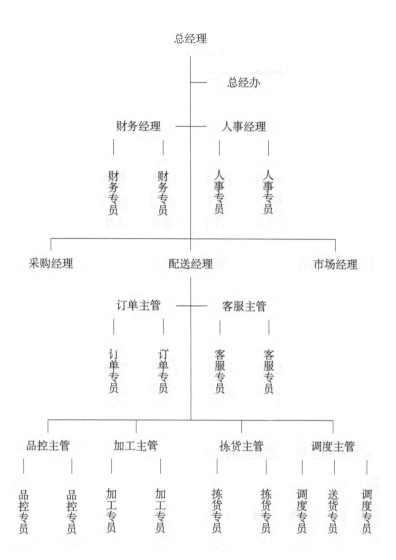

任务 1.1　确定农配公司类型

任务描述

为尽快落实新建乐实农配公司的工作,公司新任总经理张尚农思来想去,认为当前的第一要务就是确定配送公司的类型。十年的工作经历让张尚农知道团队的力量无限大,在涉及公司重大决策时,应发挥各部门力量。于是,张尚农决定召集各部门经理召开讨论会,确定配送公司的类型。

请结合资料,为乐实农配公司选择合适的配送类型。

任务目标

知识目标:熟悉常见农产品配送公司的类型及特点,掌握确定配送公司类型的方法;

技能目标:能根据经营现状,为公司选择合适的配送类型;

价值目标:具备"尚农爱农、立志为农"的职业素养。

成果要求

《关于拟定乐实农配公司配送类型的公告》。

建议学时

1.5 学时,其中线上 0.5 学时,线下 1 学时。

第一部分 任务实施

一、工作流程

任务名称	确定农配公司类型	职能	配送中心管理
任务部门	总经办	涉及部门	总经办、配送部、市场部、采购部等
目的	为组建公司组织结构、规划配送中心区域布局、选购设备奠定基础		

操 作 规 范	
工作流程图	操作说明
确定建设农产品配送中心	**负责岗位**：董事会 **时间节点**：企业发展需要时 **工作内容**：董事会确定建设农产品配送中心
兄弟公司配送中心走访调研	**负责岗位**：总经理 **时间节点**：启动组建配送中心工作小组后 **工作内容**：了解其他公司的配送类型及特点
确定配送中心类型讨论会	**负责岗位**：总经理 **参会部门**：各二级部门经理 **会议内容**：各配送类型的利弊分析、适用范围,新建配送中心的功能定位
是否适合类型1 → 否 → 是否适合类型2 否 是 是否适合类型3 是	**负责岗位**：总经理 **参会人员**：各二级部门经理 **研讨内容**：依据公司配送中心的功能定位,选择最适合公司实际的配送类型 **类型说明**：类型 1 为自营配送,类型 2 为第三方配送,类型 3 为共同配送
确定配送中心类型 完毕	**负责岗位**：总经理 **工作内容**：编制公告 **工作交接**：讨论结果汇报董事会

扫描二维码,进入思政小课堂

扫描二维码,观看微课

扫描二维码,完成小测验

二、学习步骤

(一)课前自主学习

1. 课前思

请根据"思政小课堂"分析思考:现代农业是什么样的?为何袁老呼吁年轻人从事现代农业?

2. 课前学

观看微课,并完成"确定农配公司类型"小测验。相关理论知识见本教材的"必备知识"部分。

3. 课前做

配送企业类型小调研:请通过网络或者实地考察形式,对上海领鲜物流有限公司、上海九曳供应链管理有限公司和赤途(上海)供应链管理有限公司进行调研,回答三家公司分别属于什么类型的配送企业。

(二)课中协作学习

1. 课中查

对课前学习任务的完成情况进行自查,根据学习不足之处,调整下一阶段的学习方法,制定新的学习策略,提升学习效果。

2. 课中练

第一步,组建团队,明确分工。班长模拟总经理,将班级分为三队,一队模拟采购部职员,一队模拟配送部职员,一队模拟市场部职员。每队选队长一名,模拟部门经理,负责落实任务分工、监督任务实施、收发任务资料、汇报项目成果等;每队选记录员一名,模拟部门文员,负责讨论会的记录,主要记录团队成员的发言内容。

第二步,按照第一部分的工作流程图模拟实施任务。首先,确定"课前做"环节的任务已完成。其次,由"部门经理"抽签决定各队代表的配送类型,共有自营配送、第三方配送、共同配送三种类型。最后,开始讨论。讨论会分上下半场,上半场讨论各配送类型的优缺点及适用范围,各"部门经理"带头讨论,就自己代表的配送类型发表观点,要求各"部门职员"至少发言两次。下半场结合乐实农配公司现状讨论、确定乐实农配公司的配送类型,由"总经理"介绍公司现状,各"部门经理"汇总"部门职员"意见,代表部门交流公司适合的配送类型,"总经理"根据"部门经理"汇报的内容确定乐实农配公司的配送类型。"部门文员"做好会议记录。过程中,如遇问题或有疑惑直接举手向教师求助。

第三步,撰写公告,形成成果。由"部门文员"编制《关于拟定乐实农配公司配送类型的公告》。

3. 课中评

各"部门"依次汇报成果,由"总经理"主持,各"部门经理"简述"部门职员"在讨论会上的表现,重点强调部门各职员为本任务实施做出的贡献。最后,教师对各队表现进行评价。

(三)课后探究学习

根据专业理论知识的学习及实训练习,结合自身体会撰写有一定深度的学习感悟,就学到的知识及掌握的技能在未来职业中的应用或创新发表感悟,要求 50 字以上,请在课后三日内完成。

三、学习成果

关于拟定乐实农配公司配送类型的公告					
任务名称	确定农配公司类型	实施方法	讨论会	成果归属	团队
成果形式	公告	团队成员		任务得分	

关于拟定乐实农配公司配送类型的公告

第二部分　必备知识

扫描二维码，
看视频、学知识

一、农产品配送中心概述

（一）概念

农产品配送是指按照农产品消费者的需求，在农产品配送中心、农产品批发市场、连锁

超市或其他农产品集散地进行加工、整理、分类、配货、配装和末端运输等一系列活动,最后将农产品交给消费者的过程。

农产品配送中心是指从事农产品配备(集货、贮存、加工、拣选、配货等),以高水平实现销售和供给服务的现代流通设施。作为从事农产品配送业务的组织,农产品配送中心应符合下列要求:

1. 有一定数量的保鲜制冷设备

不同于其他产品,蔬菜、水果等农产品对存储环境有特殊的要求。温度稍高一度,就可能导致大量果蔬的腐烂变质。所以,根据配送业务量大小,配备一定的保鲜制冷设备是必须的。

2. 有农产品质量检测设备

因农产品是入口食品,农产品的质量安全与客户的身体健康息息相关,严格把控农产品配送中心的质量安全是重中之重。配置一定数量的农残检测仪、糖度检测仪、食品重金属检测仪,在农产品进出配送中心时开展质量检测,是确保农产品质量安全的重要措施。

3. 主要为特定的用户服务

农产品配送中心是在拥有一定客户订单的基础上成立的,所以,这些固定客户是农产品配送中心的主要配送对象。随着市场的不断开发,配送的客户群体会不断增大。

4. 以配送为主、储藏为辅

农产品配送中心是农产品供应链的集散环节,以农产品配送业务为主,农产品储藏仅为辅助功能。随着生活水平的提高,老百姓对农产品的新鲜度、营养成分日益关注。所以说,农产品配送中心的农产品周转越快越好,不易长时间存储。

(二) 农产品配送中心的作用

农产品配送中心的根本作用在于通过高度集中的采购与配送行为,使农产品流通规模扩大,实现理想的经济效益。具体来说,农产品配送中心的作用主要表现在以下几个方面:

1. 扩大农产品配送作业的经济规模,使流通费用降低

农产品配送中心统一进货,保证了农产品相对稳定的品质和质量;选择经济合理的运输方式和运输路线,相对集中地开展农产品配送,统一调配运力,降低了农产品损耗;统一开展农产品质量检验,对农产品进行恰当的包装,减少了中间客户的采购、检验、保管费用,从而促进了农产品流通成本的降低。

2. 减少各级客户库存,加快农产品周转

农产品配送中心可以为许多客户提供农产品保鲜存储、分类分级包装、流通加工等附加服务,发挥其"蓄水池"功能,从而大大降低客户的库存,加快客户的农产品周转,提高客户的经营或作业效率。

3. 促进业务的发展和扩散,实现物流资源的合理配置

农产品配送中心可为客户及时、便利地配送农产品,从而解除客户的后顾之忧,有利于客户集中精力进行生产或者销售,提高客户的资源配置效率。

4. 加深了与供应商的关系

客户通过农产品配送中心集中性地大批量进货,可得到折扣。特别是对于连锁大型超商或大型电商平台来说,因其销售网络庞大、进货量大,农产品供应方对其更是举足轻重,因此,易于两者结成利益共同体,保证长期、稳定的合作关系。

（三）农产品配送中心的特征

1. 配送反应速度快

物流配送中心对上、下游物流配送需求的反应速度越来越快,前置时间越来越短。在物流信息化时代,速度就是金钱,速度就是效益,速度就是竞争力。

2. 配送功能集成化

主要是将物流与供应链的其他环节进行集成,如物流渠道与商流渠道的集成、物流功能的集成、物流环节与制造环节的集成、物流渠道之间的集成。

3. 配送作业规范化

强调物流配送作业流程和运作的标准化、程式化和规范化,使复杂的作业简单化,从而大规模地提高物流作业的效率和效益。

4. 配送服务系列化

强调物流配送服务的正确定位与完善化、系列化,除传统的配送服务外,在外延上扩展物流的市场调查与预测、物流订单处理、物流配送咨询、物流配送方案、物流库存控制策略建议、物流货款回收、物流教育培训等系列的服务。

5. 配送目标系统化

从系统的角度统筹规划的一个整体物流配送活动,不求单个物流最佳化,而求整体物流配送活动最优化。

二、农产品配送中心的类型

配送类型是农产品配送企业对配送所采用的基本战略和方法。它是指构成配送运动的诸要素的组合形态及其运动的标准形式,是适应经济发展需要并根据配送对象的性质、特点及工艺流程而确定的相对固定的配送规律。

（一）按照配送中心的所有者分类

1. 自营配送模式

自营配送模式是指农业企业自身筹建并组织、管理农产品配送的各个环节,实现对企业内部及外部货物配送的模式,是目前综合性农业企业（集团）所广泛采用的一种配送模式。农业企业通过自建配送中心,实现内部对各部门、基地、门店的农产品供应的配送。自营配送模式的运作方式如图 1-1 所示。

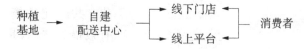

图 1-1　自营配送模式的运作方式

这种配送模式集仓储、加工、配送等业务于一体,便于农业企业更好地掌控供应链的各环节,易于与农业生产和其他业务环节密切配合,配送作业效率较高,供应链各环节协调顺畅,反应敏捷,但一次性投资较大,对于资金有限的农业企业来说,资金负担较大,适合规模较大的农业企业集团。

2. 第三方配送模式

第三方配送模式是指由农产品配送劳务的供给方、需求方之外的第三方企业,去完成农产品配送业务的运作方式。因农产品的特殊性,农产品配送不仅需要具备农产品保鲜知识的配送人员,还需要控制温湿度的配送设备,而第三方配送企业拥有专业的人员和设备。随着物流产业的不断发展以及第三方配送体系的不断完善,第三方配送模式成为农业企业的首选模式。第三方配送模式的运作方式如图1-2所示。

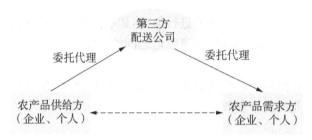

图1-2 第三方配送模式的运作方式

因大多数农业企业的资金和资源有限,没有资金和精力自建配送中心,在这种情况下,中小农业企业可以使用第三方配送模式,以便腾出更多的资金和资源,集中精力把企业的核心业务做好。在减少资金投入的同时,降低了农业企业的运作成本,节约了人力和物力。而第三方配送也有缺点,农业企业把配送业务交由第三方配送企业后,失去了对配送环节的控制权,配送人员不再是农业企业自身的员工,也就不能保障配送服务的质量;农业企业的核心机密容易被第三方企业泄露。

3. 共同配送模式

共同配送也称共享第三方物流服务,指多个客户联合起来由同一个第三方物流服务公司来提供配送服务。共同配送是在配送中心的统一计划、统一调度下展开的,其本质是通过作业活动的规模化降低作业成本,提高物流资源的利用效率。共同配送是指企业采取多种方式,进行横向联合、集约协调、求同存异以及效益共享。

共同配送是物流配送企业之间为了提高配送效率,以及实现配送合理化所建立的一种功能互补的配送联合体。共同配送是一种物流配送经营企业之间为实现整体配送合理化,以互惠互利为原则,互相提供便利的物流配送服务的协作型配送模式,也是电子商务发展到目前为止最优的物流配送模式,包括配送的共同化、物流资源利用共同化、物流设施设备利用共同化以及物流管理共同化。共同配送模式是合理化配送的有效措施之一,是企业保持优势常在的至关重要的课题,是有利于发挥集团型竞争优势的一种现代管理方法。在实际运作中,因为共同配送联合体的合作形式、所处环境、条件以及客户要求的服务存在差异,所以共同配送的运作过程也存在较大的差异,互不相同。共同配送的一般运作过程如图1-3所示。

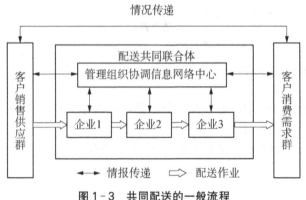

图1-3 共同配送的一般流程

（二）按照配送中心的内部特性分类

1. 储存型配送中心

储存型配送中心即以储存功能为主的配送中心。一般来讲,在买方市场下,农产品销售需要有较大的库存支持,其配送中心要有较强的储存功能;在卖方市场下,农产品供应需要有较大的库存支持,这种供应配送中心也要有较强的储存功能;大范围配送的配送中心,需要有较大库存,也可能是储存型配送中心。

2. 流通型配送中心

流通型配送中心即以短期周转功能为主,仅以暂存或随进随出的方式进行配货、送货的配送中心。这种配送中心的典型配送方式是,大量农产品整批进入并按一定批量零出,采用大型分货机,进货时直接进入分货机传送带,分送到各客户货位或直接分送到配送汽车上,货物在配送中心里仅做少许停滞。

3. 加工配送中心

加工配送中心即以农产品加工为主要功能,根据用户的需要或者市场竞争的需要,对农产品进行加工之后再进行配送的配送中心。在这种配送中心内,有分装、包装、初级加工、集中下料、组装产品等加工活动。

（三）按照配送中心承担的流通职能分类

1. 供应型配送中心

供应型配送中心即执行农产品供应的职能,专门为某个或某些用户(例如连锁店、联合公司)组织供应农产品的配送中心。例如,为大型连锁超级市场的生鲜摊位组织供应的配送中心。供应型配送中心的主要特点是,配送的用户有限并且稳定,用户的配送要求范围也比较确定,属于企业型用户。因此,配送中心集中库存的品种比较固定,配送中心的进货渠道也比较稳固,如景瑞农业生鲜配送中心就是专为卜蜂莲花超市供应配送的中心。

图1-4 供应型配送中心

图1-5 销售型配送中心

2. 销售型配送中心

销售型配送中心即执行销售农产品的职能,以销售经营为目的、以配送为手段的配送中心。销售型配送中心大体可细分为两种类型:一种是生产性农业企业,即把收获的农产品直接销售给消费者的配送中心,在国外,这种类型的配送中心很多;另一种是农产品流通企业,即把销售作为本身经营的一种方式,建立配送中心以扩大销售。销售型配送中心的用户一般是不确定的,而且用户的数量很多,每一个用户购买的数量又较少,属于消费者型用户。

图1-5为生产性农业企业建立的销售型配送中心。

(四)按配送中心的服务范围分类

1. 城市配送中心

城市配送中心即以城市范围为配送范围的配送中心。由于城市范围一般处于汽车运输的经济里程内,这种配送中心可采用汽车进行配送,且直接配送到最终用户,所以这种配送中心往往和零售经营相结合。由于运距短,反应能力强,因而从事多品种、少批量、多用户的配送较有优势。

2. 区域配送中心

区域配送中心即以较强的辐射能力和库存准备,向省际、全国乃至国际范围的用户配送的配送中心。这种配送中心配送规模较大,一般而言,用户也较多,配送批量也较大,而且往往是配送给下一级的城市配送中心,也配送给营业所、商店、批发商和企业用户,虽然也从事零星的配送,但不以此为主体形式。这种类型的配送中心在国外十分普遍。

三、配送中心类型的选择

企业选择何种配送中心主要取决于以下几方面的因素:配送对企业的重要性,企业的配送能力、市场规模与地理范围、保证的服务及配送成本等。一般来说,企业配送模式的选择方法主要有矩阵图决策法和比较选择法。本书主要介绍矩阵图决策法。

矩阵图决策法主要是通过两个不同因素的组合,利用矩阵图来选择配送模式的决策方法。其基本思路是选择决策因素,然后通过将其组合形成不同区域或象限再进行决策。

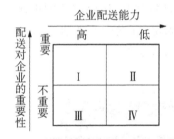

图1-6 矩阵图决策法

下面我们主要围绕配送对企业的重要性和企业配送的能力来进行分析,如图1-6所示。在实际经营过程中,企业可按下列思路来进行选择和决策。

在状态Ⅰ下,配送对企业的重要程度较大,企业也有较强的配送能力。在配送成本较低和地理区域较小,但市场相对集中的情况下,企业可采取自营配送模式,以提高顾客的满意度和配送效率,与营销保持一致。

在状态Ⅱ下,配送虽对企业的重要程度较大,但企业的配送能力较差。此时,企业可采取的策略是寻求配送伙伴来弥补自身配送能力的不足。可供选择的模式有三种:第一种是加大投入,完善配送系统,提高配送能力,采用自营配送模式;第二种是进行一些投入,强化配送能力,采用共同配送模式;第三种是采取第三方配送模式,将配送业务完全委托专业的配送企业去完成。一般说来,在市场规模较大且相对集中,以及投资量较小的情况下,企业可采取自营配送模式;若情况相反,则可采取第三方配送模式。

在状态Ⅲ下,配送在企业战略中不占据主要地位,但企业却有较强的配送能力,此时,企业可向外拓展配送业务,以提高资金和设备的利用能力。若企业在该方面具有较强竞争优势,也可适当地调整业务方向,向社会化的方向发展,成为专业的配送企业。

在状态Ⅳ下,企业的配送能力较差,且不存在较大的配送需求,此时,企业宜采取第三方配送模式,将企业的配送业务完全或部分委托专业的配送企业去完成,而将主要精力放在企业最为擅长的生产经营方面,精益求精,以获得更大的收益。

第三部分 新概念、新技术、新标准

扫描二维码，
了解新概念、
新技术、新标准

第四部分 拓展知识

扫描二维码，
学习更多知识

任务 1.2　构建公司组织结构

任务描述

经讨论,乐实农配公司新建的配送中心最终选择了自营配送类型。总经理张尚农工作效率高,得到了董事会的赞许和多位同事的认可,可他并没有因此放松下来。为稳步推进配送中心的建设事项,张尚农决定构建公司组织结构,在他看来,组织结构就相当于公司运行的发动机,没有科学合理的组织结构,员工就会失去方向。以农产品配送为主要业务的乐实农配公司需要设置哪些部门呢? 每个部门需要设置哪些岗位呢? 每个岗位的职责又是什么呢?

请结合以上资料,为乐实农配公司构建组织结构,并附岗位职责说明。

任务目标

知识目标:熟悉构建企业组织结构的步骤,了解农产品配送公司常见的组织结构,掌握农产品配送公司的主要岗位及职责;

技能目标:能根据公司现状,为农产品配送公司创建组织结构;

价值目标:具备"助农强农、追求卓越"的职业素养。

成果要求

《乐实农配公司组织结构图》。

建议学时

1.5 学时,其中线上 0.5 学时,线下 1 学时。

第一部分　任务实施

一、工作流程

任务名称	构建公司组织结构	职能	配送中心管理
任务部门	总经办	涉及部门	总经办、配送部、市场部、采购部等
目的	打造一支有凝聚力、有合作意识的团队，提高公司管理水平		

操 作 规 范	
工作流程图	操作说明
接到构建公司组织结构的任务	**负责岗位：**总经理 **时间节点：**即时 **工作内容：**确定构建公司组织结构图的路线图
确定公司部门设置	**负责岗位：**总经理 **涉及部门：**人事部及公司其他所有部门 **工作内容：**深入各部门调研，了解部门功能及运行情况
确定公司岗位设置	**负责岗位：**总经理 **涉及岗位：**人事部及公司各部门、各级别岗位 **工作内容：**深入各岗位调研，了解各岗位的工作职责等
确定公司组织结构的类型	**负责岗位：**总经理 **涉及部门：**总经办、人事部 **工作内容：**分析各类型组织结构利弊，确定组织结构的类型
确定公司组织结构框架	**负责岗位：**总经理 **涉及部门：**总经办、人事部 **工作内容：**根据公司部门设置、岗位设置，确定组织结构框架
确定公司组织结构图	**负责岗位：**总经理 **涉及部门：**总经办、人事部 **工作内容：**根据各部门之间的业务关系，绘制结构图
制定公司岗位说明书	**负责岗位：**总经理 **涉及部门：**总经办、人事部 **工作内容：**明确各部门职能、各岗位职责，编制公司岗位说明书
完毕	

扫描二维码，
进入思政小课堂

二、学习步骤

（一）课前自主学习

1. 课前思

根据"思政小课堂"分析思考：王厂长的管理为何失效了？企业组织结构的功能是什么？如果你是王厂长，你如何设置公司的组织结构？

2. 课前学

观看任务微课，并完成小测验。相关理论知识见本教材的"必备知识"部分。

扫描二维码，
观看微课

3. 课前做

查找各配送类型的代表性公司。学号尾数为1、4、7、0的同学查阅直线式组织结构是什么样的及其优缺点和适用范围，并例举代表性公司；学号尾数为2、5、8的同学查阅职能式组织结构是什么样的及其优缺点和适用范围，并例举代表性公司；学号尾数为3、6、9的同学查阅直线职能式组织结构是什么样的及其优缺点和适用范围，并例举代表性公司。

扫描二维码，
完成小测验

（二）课中协作学习

1. 课中查

对课前学习任务的完成情况进行自查，根据学习不足之处，调整下一阶段的学习方法，制定新的学习策略，提升学习效果。

2. 课中练

第一步，组建团队，明确分工。一队一般有四到六人，模拟人事部职员。各队选队长一名，模拟人事经理，负责落实任务分工、监督任务实施、收发任务资料、汇报项目成果等；各队选记录员一名，模拟部门文员，负责会议记录，主要记录团队成员的发言内容。

第二步，按照第一部分的工作流程图模拟实施任务。首先，确定"课前做"环节的"查找各配送类型的代表性公司"任务已完成。其次，本讨论以团队为单位，各团队之间不需交流。再次，团队分工时，每位队员至少查询并掌握一个相关岗位的职责。最后，在确定公司部门及岗位时，一定要结合公司实际情况，以适用、够用为宗旨，禁止贪大求全。在确定公司组织结构框架时，先要分析组织结构有哪些。过程中，如遇问题或疑惑直接举手向教师求助。

第三步，"部门文员"绘制《乐实农配公司组织结构图》，附各岗位职责。

3. 课中评

各团队展示成果《乐实农配公司组织结构图》，并作简要说明。各"人事经理"简述"部门职员"在讨论会上的表现，重点强调部门各职员为本任务实施做出的贡献。最后，教师对各队表现进行评价。

（三）课后探究学习

根据专业理论知识的学习及实训练习，结合自身体会，撰写有一定深度的学习感悟，就学到的知识及掌握的技能在未来职业中的应用或创新发表感悟，要求50字以上，请在课后三日内完成。

三、学习成果

乐实农配公司组织结构图(附岗位说明)					
任务名称	构建公司组织结构	实施方法	讨论会	成果归属	团队
成果形式	结构图	团队成员		任务得分	

第二部分　必备知识

一、农产品配送中心的主要部门

农产品配送中心的部门设置由配送中心的组织结构模式、功能和作业流程来决定。农产品配送中心一般可以设置如下部门：

1. 农产品质量控制部

主要负责配送中心农产品质量的监督与控制，制定公司食品安全标准，在农产品进入和离开配送中心时开展农产品质量安全监测，并定期对配送中心的农产品质量进行监测。

2. 农产品采购或进货部

主要负责农产品订货、采购、进货等安排及相应的事务处理，同时负责货物的验收工作。

3. 农产品储存保管部或农产品仓储部

主要负责配送中心环境卫生、货物搬运、堆码作业、货位安排、农产品保鲜保管、农产品盘点、农产品拣货、相关设备养护等作业。根据公司业务的侧重情况，部门名称可以有所不同，比如，以配送功能为主的公司仓储部也可称为拣货部、加工部等。

4. 流通加工部

主要负责农产品包装研发、农产品加工研究和农产品包装作业。在客户有特别要求时，按照客户的要求对农产品进行包装和加工。

5. 配送部

主要负责配送中心客户订单的配送工作。根据订单客户的地理位置及订单农产品数量，制定合理的配送方案，包括使用合适的配送车辆，规划合理的配送线路，安排合适的配送人员，在客户规定的时间内将有质量保障的农产品送到客户手中。

6. 信息部

主要负责配送中心计算机硬件和软件的采购、维护、管理，尤其是信息管理系统的运作。

7. 单证部

主要负责相关单据的处理与传递，根据单据信息，建立客户档案数据库、农产品销售数据库等，对月度销售数据、年度销售数据、客户购买行为数据等进行整理与分析，为公司市场推广提供数据支撑。

8. 客户服务部

负责接受和传递客户的订货信息、送达货物的信息，处理客户的投诉，受理客户的退货要求。

9. 财务部

负责核对配送完成表单、出货表单、进货表单、库存管理表单，协调、控制、监督整个配送中心的货物流动，同时负责管理各种收费发票和物流收费统计、配送费用结算等工作。

10. 人事部

负责公司各层级人员的招聘、培训、薪酬、考核等工作。随着信息技术的迅猛发展，农产品配送中心对人才技能的需求也在变化，人事部的招聘工作、培训工作显得尤为重要。

11. 总经理办公室

全面组织实施董事会的有关决议和规定,全面完成董事会下达的各项指标,并将实施情况向董事会汇报;根据董事会的要求确定公司的经营方针,建立公司的经营管理体系并组织实施和改进,为经营管理体系的运行提供足够的资源;负责召集和主持公司总经理办公会议,协调、检查和督促各部门的工作;负责公司组织结构的调整等工作。

以上部门设置是一般配送中心的主要部门。在实际工作中,由于配送中心的规模、发展阶段不同,不同公司的岗位设置会有差异。

二、农产品配送中心常见的组织结构

农产品配送中心在管理中会面临许多问题,如农产品保鲜问题、农产品包装问题、农产品质量检测问题、配送中心管理体制问题、资金问题、销售问题、人员问题、服务质量问题等等。其中任何一个问题,都可能影响到整个中心的运作与经营。但客户只关心配送中心提供服务的效用。因此农产品配送企业之间的竞争实际上是服务质量之间的竞争,而这种竞争在很大程度上取决于企业组织的管理能力。从这个意义上说,组织运作管理能力是竞争力的真正源泉。

农产品配送中心就是一个专门从事农产品物流活动的组织,随着配送规模的扩大,以及业务关系的日益复杂,组织结构在组织工作中的作用越来越显著,而且在整个管理工作中的地位也越来越重要。和普通企业类似,农产品配送中心的组织结构一般分为直线式组织结构、职能式组织结构和直线职能式组织结构。

1. 直线式组织结构

直线式组织结构是最为简单的一种组织结构形式,"直线"是指在这种组织结构下,职权直接从高层开始向下"流动"(传递、分解),经过若干个管理层次到达组织最低层。其特点是组织中的一切管理工作均由领导者直接指挥和管理,不设专门的职能机构。在这种组织中,上下级的权责关系是直线型,上级在其职权范围内具有直接指挥权和决策权,下属必须服从。

这种结构形式的优点是权责明确、命令统一、决策迅速、反应灵敏和管理机构简单;缺点是权限高度集中,易于造成家长式管理作风,形成独断专行、长官意志,组织发展受到管理者个人能力的限制,组织成员只注意上下沟通,而忽视横向联系。这种组织结构的适用范围有限,它只适用于小规模组织,或者是组织规模较大但业务内容比较单一的农产品配送企业。

如图 1-7 所示,可看出,该组织结构中配送经理为最高领导,拣货专员归拣货主管管理,配送专员和配送司机归配送主管管理,拣货主管、配送主管、仓库主管归配送经理管理。一个下级只接受一个上级管理,配送主管不可以管理拣货专员,仓库主管不可以管理配送专员。

2. 职能式组织结构

职能式组织结构又称为多线性组织结构,它与直线型组织结构不同,它的特点是采用按职能分工实行专业化的管理办法来代替直线型的全能管理者,即在上层主管下面设立职能机构和人员,把相应的管理职责和权力交给这些机构,各职能机构在自己的业务范围内可以向下级下达命令和指示。

这种组织结构形式的优点是,能够充分发挥职能机构的专业管理作用,能够适应现代生产技术比较复杂和管理分工较细的特点;由于吸收了专家参加管理,减轻了上层主管人员的

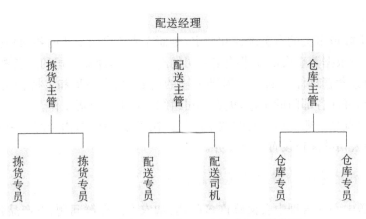

图 1-7 某农产品配送公司直线式组织结构图

负担,使他们可以集中注意力履行自己的职责。其缺点也比较明显,多头领导妨碍了组织的统一指挥,容易造成管理混乱,不利于明确划分职责与职权;各职能机构往往从本部门的业务出发,不能很好地相互配合,横向联系差;在科学技术迅速发展、经济联系日益复杂的情况下,对环境发展的适应性也差,不够灵活;强调专业化,使主管人员忽略了相关专业以外的知识,不利于培养上层管理者。这种组织结构形式,在实际工作中的应用较少。

职能式组织结构如图 1-8 所示。人事经理和财务经理就是配送经理为专业化分工设立的职能岗位,把招聘、培训、考核等权利交给人事经理,把预算、决算等权利交给财务经理。人事经理和财务经理可在分工的职责范围内对三个下级——拣货主管、配送主管和仓库主管进行业务管理。这种组织模式下,主管级岗位受配送经理和人事经理、财务经理的多重管理。

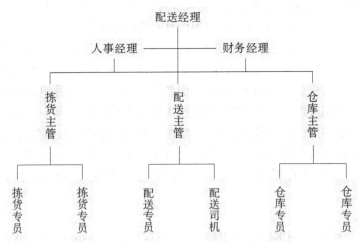

图 1-8 某农产品配送公司职能式组织结构图

3. 直线职能式组织结构

直线职能式组织结构是在直线式和职能式组织结构的基础上,取长补短而建立起来的一种组织模式。这种组织模式在现代企业,特别是在大中型企业中尤为普遍。它将管理机构和人员分为两类：一是直线指挥机构和人员，他们在自己职责范围内有一定的决定权，对其下属有指挥和命令的权力，对自己工作的部门负责。另一类是职能机构人员，他们按专业化原则从事组织的各项职能管理工作。直线领导机构和人员在自己的职责范围内有一定的决定权和对所属下级的指挥权，并对自己部门的工作负全部责任。职能机构和人员则是直线指挥人员的参谋，不能对直接部门发号施令，只能进行业务指导。在直线职能型结构下，下级机构既受上级部门的管理，又受同级职能管理部门的业务指导和监督。各级行政领导人逐级负责，高度集权。因而，这是一种按经营管理职能划分部门，并由最高经营者直接指挥各职能部门的体制。

　　如图 1-9 所示，在管理机构的上下级之间都设置了职能部门，职能部门可以代表上级部门开展业务指导和监督。如人事部为总经理和配送经理之间的职能部门，人事经理可以监督指导配送部门、采购部门和市场部门的工作；当然，总经理可以管理财务经理和人事经理，也可以管理采购经理、配送经理和市场经理。也就是说，配送经理归总经理管理，受财务经理和人事经理的监督和指导。

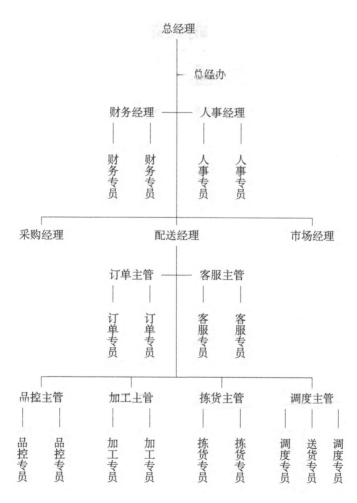

图 1-9　某农产品配送公司直线职能式组织结构图

第三部分　新概念、新技术、新标准

扫描二维码，
了解新概念、
新技术、新标准

第四部分　拓展知识

扫描二维码，
学习更多知识

任务 1.3　规划配送中心区域

任务描述

乐实农配公司递交的《关于创建自营农产品配送中心建设的申请》《配送中心直线职能式组织结构图》均已获董事会批准。对事业心满满的张尚农来说，真正的战斗刚刚打响，接下来的战役就是"规划配送中心的区域"。

乐实农业发展有限公司主营自产果蔬，有水晶梨、葡萄、黄桃、水蜜桃、蓝莓、西瓜六种水果，青菜、蓬蒿、菜心、米苋、洋葱、黄瓜六种蔬菜。乐实农配公司新建配送中心主要为这些果蔬加工存储之用，计划对新建的配送中心投资 5 000 万元，规划配送中心长 1 000 米、宽 500米、高 10 米，主要功能为部分绿叶菜净化、净菜加工与包装、水果包装、生鲜果蔬存储、订单拣选、果蔬配送等。

请结合以上资料，规划乐实农配公司配送中心的区域（绘制图纸），并注明各区域名称、大小及功能。

任务目标

知识目标：掌握农产品配送中心的主要功能，掌握农产品配送中心的常见区域；

技能目标：能根据功能需求，为农产品配送公司规划作业区域；

价值目标：具备"知农懂农、勤俭节约"的职业素养。

成果要求

《乐实农配公司配送中心区域规划图》。

建议学时

1.5 学时，其中线上 0.5 学时，线下 1 学时。

第一部分 任务实施

一、工作流程

任务名称	规划农配中心区域	职能	配送中心管理
任务部门	总经办	涉及部门	总经办、配送部、市场部、采购部等
目的	合理高效利用配送中心区域,最大程度提高空间利用率		

操 作 规 范	
工作流程图	操作说明

工作流程图	操作说明
接到配送中心区域规划的任务	**负责岗位**:总经理 **时间节点**:接董事会通知即时 **工作内容**:确定规划配送中心区域的工作流程
丈量农产品配送中心场地	**负责岗位**:总经理 **涉及部门**:配送部及仓储部、拣货部等 **工作内容**:使用皮卷尺丈量配送中心长、宽、高,做好记录
明确配送中心的功能需求	**负责岗位**:总经理 **涉及岗位**:配送部及仓储部、拣货部等 **工作内容**:确定配送中心的主要功能并按重要性排序
兄弟公司配送中心调研	**负责岗位**:总经理 **涉及部门**:配送部及仓储部、拣货部等 **工作内容**:总经理带队调研兄弟企业配送中心区域规划
明确配送中心的工作流程	**负责岗位**:总经理 **涉及部门**:配送部及仓储部、拣货部等 **工作内容**:确定公司配送中心各工作流程
绘制农产品配送中心图纸	**负责岗位**:总经理 **涉及部门**:配送部及仓储部、拣货部等 **工作内容**:根据功能定位、配送流程,绘制平面图
标注各区域功能	**负责岗位**:总经理 **涉及部门**:配送部及仓储部、拣货部等 **工作内容**:明确各区域面积大小并说明区域功能
完毕	

二、学习步骤

（一）课前自主学习

1. 课前思

根据"思政小课堂"分析思考：从事农产品领域工作，懂农产品的重要性体现在哪些方面？如果不懂农产品，会有哪些不良后果？

扫描二维码，
进入思政小课堂

2. 课前学

观看任务微课，并完成小测验。相关理论知识见本教材"必备知识"部分。

3. 课前做

小调查：到学校图书馆的借阅室开展小调查，带好笔和本子。首先根据借阅室的布局绘制平面图，在绘制书架时，标注每一排书架的类目，走廊两侧用虚线表示，标注借阅室的出入口。其次，以步数粗略丈量借阅室的长和宽，做好记录，再粗略丈量各书架的占地面积。最后计算阅览室的面积利用率。

扫描二维码，
观看微课

（二）课中协作学习

1. 课中查

对课前学习任务的完成情况进行自查，根据学习不足之处，调整下一阶段的学习方法，制定新的学习策略，提升学习效果。

扫描二维码，
完成小测验

2. 课中练

第一步，组建团队，明确分工。一队一般有四到六人，模拟配送中心区域规划小组成员；各队选队长一名，模拟总经理，负责落实任务分工、监督任务实施、收发任务资料、汇报项目成果等；各队选记录员一名，模拟总经办文员，负责会议记录，主要记录团队成员发言内容，并上传成果。

第二步，按照第一部分的工作流程图模拟实施任务。首先，确定"课前做"环节的"图书馆调研"任务已完成。其次，本讨论以团队为单位，各团队之间不需交流，团队分工时，每位队员至少掌握一个农配中心相关区域的功能。再次，假设实训室为配送中心场地，丈量实训室长宽高。另外，确定配送中心职能时一定要结合乐实农配公司的实际情况。最后，兄弟公司配送中心调研一般由老师带领集体参观，如无条件的，各团队可通过网络形式调研。过程中，如遇问题或有疑惑直接举手向教师求助。

第三步，由"总经办文员"绘制《乐实农配公司配送中心区域规划图》，附各区域功能介绍。

3. 课中评

各"部门"依次汇报成果，各"总经理"简述"规划小组成员"在讨论会上的表现，重点强调各小组成员为本任务实施做出的贡献。最后，教师对各队表现进行评价。

（三）课后探究学习

根据专业理论知识的学习及实训练习，结合自身体会撰写有一定深度的学习感悟，就学到的知识及掌握的技能在未来职业中的应用或创新发表感悟，要求 50 字以上，请在课后三日内完成。

三、学习成果

乐实农配公司配送中心区域规划图(含各区域功能说明)					
任务名称	规划农配中心区域	实施方法	讨论会＋公司参观	成果归属	团队
成果形式	规划图	团队成员		任务得分	

第二部分　必备知识

一、农产品配送中心的功能

农产品配送中心是专门从事农产品配送活动的经济组织。换个角度说，它是集加工、理货、送货等多种职能于一体的物流场所。具体来说，农产品配送中心有以下几种功能：

1. 储存功能

农产品配送中心的服务对象有政府机关单位、大中小企业，也有普通老百姓。为了及时有效地将客户所需的各种农产品送到指定地点，必须保证客户需要的各种农产品均有货。为实现这一要求，通常在配送中心兴建现代化的仓库。由于农产品易腐烂变质，为防止储存期间农产品损耗，应配置一些保鲜设施设备。储存功能是实现配送及时性、提高配送中心服务质量的重要功能之一。

2. 分拣功能

作为物流节点的配送中心，其服务对象为在一定区域内相对分散的客户，各客户订购的农产品不尽相同，有的客户订单农产品品类众多而数量少，有的客户订单农产品品类多且数量多，不同客户也会订购一些相同的农产品，为了有效地进行配送（即为了能同时向不同的用户配送很多种货物），配送中心必须采取适当的方式对农产品进行拣选，并且在此基础上，按照配送计划分装和配装货物。这样，在农产品流通实践中，为了将丰富多样的农产品按客户要求及时送到指定地点，配送中心必须有效地开展分拣作业，这就是配送中心的分拣功能，也是配送中心的核心职能。

3. 集散功能

在物流实践中，农产品配送中心凭借其特殊的地位和各种先进的设施和设备，能够将分散在全国各地的特色农产品集中到一起，这是汇集；在接到客户订单之后，配送中心根据客户的要求，分拣打包、配装，再发往各客户指定地点，这是分散。配送中心先汇集来自全国各地的农产品，再将其分散配送到客户手中的过程就是配送中心的集散功能。实践证明，利用配送中心来集散货物，可以提高卡车的满载率，由此可以降低物流成本。

4. 衔接功能

通过开展农产品配送活动，配送中心能把五湖四海的农产品直接运送到用户手中，客观上起到了链接生产和消费的作用。这是配送中心衔接功能的一种重要表现。此外，通过集货和储存货物，配送中心又有平衡供求的作用，能有效地解决农产品季节性上市与客户连续性需求的产需衔接问题，这是配送中心衔接功能的另一种表现。

5. 加工功能

为了扩大经营范围和提高配送水平，目前，国内外许多农产品配送中心都配备了各种加工设备，由此具有了一定的加工（系初加工）能力。这些配送中心能够按照用户提出的要求，并根据合理配送农产品的原则，将组织进来的农产品加工成一定口味、一定规格包装的产品，由此形成了加工功能。加工货物是某些配送中心的重要活动，配送中心积极开展加工业务，不但大大方便了用户，省却了后者不少烦琐劳动，而且也有利于提高配送中心的盈利

水平。

6. 信息处理功能

随着网络信息时代的发展,电子商务技术日趋成熟,越来越多的客户转向电商平台采购农产品。配送中心在网络平台接到客户的订单,据此开展客户档案整理、订单信息处理、拣货作业、包装作业、配送作业等一系列的工作。整理客户档案、处理订单数据属于信息处理工作。在拣货、包装、配送等作业中同样用到了仓储管理系统(WMS)、个人数字助理(PDA)、全球卫星定位系统(GPS)、运输管理系统(TMS)等信息管理系统,这都需要配送中心具备信息处理功能。在大数据时代,农产品配送中心的发展离不开各类信息数据的处理与分析,客户消费行为分析、产品销售预测分析等都为配送中心的决策提供重要参考。所以说,配送中心的信息处理功能是时代发展所需。

7. 配送中心设计咨询功能

农产品配送中心在发展的过程中,积累了一些经验和教训,培养了一批专业技能人才,当农产品配送中心发展到一定规模时,就具备了配送中心设计咨询功能。作为示范性配送中心,前来取经、咨询的人自然会络绎不绝,为兄弟企业提供咨询服务,既能进一步提升自己的业务能力,还能起到扩大公司影响力的作用。

8. 教育培训功能

为了吸引创新有活力的年轻人才,越来越多的农产品配送企业与高校建立合作关系,高校可以派老师和学生到公司参观学习,农产品配送企业也可以派具有一技之长的员工到高校开展经验交流,鼓励更多的大学生到农产品流通领域发展,这就是配送中心的教育培训功能。

二、配送中心内部布局规划

1. 配送中心基本布置规划

系统布置设计(SLP)是一套有条理的、循序渐进的、对项目进行设计布置的方法,具有很强的实践性,同样也可应用于配送中心的系统布置中。配送中心的系统布置就是根据物流作业量和物流路线,确定各功能区域的面积和各功能区域的相对位置,最后绘制出配送中心的平面布置图。

2. 作业流程的规划

配送中心的主要作业活动包括入库、仓储、拣取、配货、出货、配送等,一些配送中心还具有流通加工、贴标签、包装及退货等作业。在布置规划时,应将具有相同流程的货物作为一类(如 A、B、C、D……),找出流程中不合理和不必要的作业,力求避免配送中心出现不必要的计算和处理环节,从而制定出配送中心作业流程表。此外,尽量简化储运单位,以托盘或储运箱为容器,把体积、外形差别大的商品进行分类,每一类尽量使用相同标准的储运单位。

3. 作业区域的功能规划

在作业流程规划后,可根据配送中心的运营特性进行周边辅助活动区的规划。物流作业区指装卸货、入库订单拣取、出库、发货等基本的配送中心作业环节;周边辅助活动区指办公室、计算机中心等。比如第一步是农产品进入配送中心,就应有个农产品待入库区域;第二步是农产品质量检测,就应有个农产品质量检测办公室;相应地,第一步用到的农产品待入库区域与第二步用到的农产品质量检测办公室应相邻,这样可以提高作业效率。

三、绘制配送中心区域规划图的简要步骤

1. 丈量农产品配送中心

使用皮卷尺丈量农产品配送中心的面积。一般皮卷尺的量程是 20 m～30 m,分度值是 1 cm。使用皮卷尺的注意事项:

（1）拉出尺带时不得用力过猛,而应徐徐拉出,测量完毕后建议缓缓收卷;

（2）使用皮卷尺丈量时,应使卷尺尽量拉直但避免用力拉扯,因皮卷尺在用力时易被拉长而导致测试不准确;

（3）如测量长度大于卷尺长度时,做好标记,以保证不漏量、不多量;

（4）准备好纸和笔,做好记录。

2. 绘制配送中心图纸

采用传统绘制方式,准备好纸、笔、直尺、橡皮等工具。首先,根据第一步的丈量结果,按照同比例缩小的原则,在纸上标注配送中心的长和宽。其次,按照配送中心业务量大小及功能定位,确定各功能区域的面积大小。再次,根据工作流程,布局各功能区域,并标注各区域的尺寸,各区域之间应注意保留适当距离,以保留必要的交通走廊。最后,在各区域附近简要说明功能。由于配送中心的功能视具体情况而各有不同,配送中心的规划布局也会存在较大差异。一般而言,配送中心的规划应与配送中心的功能、属性以及运营中长期目标保持一致。图 1-10 为某企业配送中心的作业区域的平面布局图。

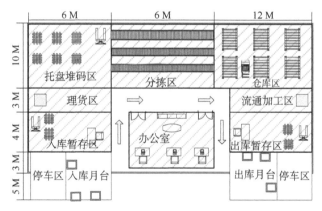

图 1-10 某企业配送中心作业区域的平面布局图

第三部分　新概念、新技术、新标准

扫描二维码,
了解新概念、
新技术、新标准

第四部分　拓展知识

扫描二维码，
学习更多知识

任务1.4 选购农配中心设备

任务描述

看着乐实农配公司配送中心的图纸,张尚农脑子里回荡着董事长的嘱托,"给你5 000万,尽量使用智能化、自动化、信息化设备,尽量确保最低的农产品损耗,尽量体现高标准、高效率、高产出,尽量合理利用每一寸土地……"。"张总,张总,开会的人到齐了,就差您了",秘书小王催促道。"我马上到,乐实农配公司设备选购讨论会马上开始",张尚农道。

请结合以上资料,为乐实农配公司配送中心选购合适的设备,编制乐实农配公司配送中心的设备采购清单。

任务目标

知识目标:熟悉常见农产品的特点,掌握常见的果蔬保鲜技术,熟悉农产品配送中心常用设备的功能;

技能目标:能根据业务特点,为农产品配送公司选购相关设施设备;

价值目标:具备"品德高尚、克己奉公"的职业素养。

成果要求

《乐实农配公司配送中心设备采购清单》。

建议学时

1.5学时,其中线上0.5学时,线下1学时。

第一部分 任务实施

一、工作流程

任务名称	选购农配中心设备	职能	配送中心管理
任务部门	总经办	涉及部门	总经办、配送部、采购部、市场部等
目的	规范配送中心的工作流程,通过先进技术设备控制损耗,提升自身服务水平			

操 作 规 范	
工作流程图	操作说明
拟召开智慧农配设备选购会	**负责岗位:**总经理 **时间节点:**接董事会通知即时 **工作内容:**确定选购智慧农配设备的工作流程
农产品特点调研交流	**负责岗位:**总经理 **涉及部门:**配送部、采购部、市场部、拣货部等 **工作内容:**农产品保鲜、存储特性调研,做好记录
智慧农配设备应用调研	**负责岗位:**总经理 **涉及岗位:**配送部、采购部、市场部、拣货部等 **工作内容:**带队调研智慧农配设备的应用场景
参加农产品冷链设备展会	**负责岗位:**总经理 **涉及部门:**配送部、采购部、市场部、拣货部等 **工作内容:**带队参加冷链设备展会
智慧农配设备选购讨论会	**负责岗位:**总经理 **涉及部门:**配送部、采购部、市场部、拣货部等 **工作内容:**根据预算,确定公司应配备的相关设备
智慧农配设备采购招标	**负责岗位:**总经理 **涉及部门:**配送部、采购部、市场部、拣货部等 **工作内容:**启动招投标工作,面向全国寻找供应商
确定智慧农配设备供应商	**负责岗位:**总经理 **涉及部门:**配送部、采购部、市场部、拣货部等 **工作内容:**确定供应商,确定相关设备采购及安装调试
完毕	

二、学习步骤

（一）课前自主学习

1. 课前思

根据"思政小课堂"分析思考：采购员的职责是什么？案例中的梅晓川是一个合格的采购员吗？为什么？

扫描二维码,进入思政小课堂

2. 课前学

观看任务微课，并完成小测验。相关理论知识见本教材"必备知识"部分。

3. 课前做

了解附近区域楼宇，特别是高档酒店、商务大厦配送机器人的应用情况。主要调研内容：楼宇配送机器人的应用案例，配送机器人的工作流程；如有条件，可亲自体验配送机器人的服务；与相关负责人沟通、了解配送机器人的使用带来的好处。

扫描二维码,观看微课

（二）课中协作学习

1. 课中查

对课前学习任务的完成情况进行自查，根据学习不足之处，调整下一阶段的学习方法，制定新的学习策略，提升学习效果。

扫描二维码,完成小测验

2. 课中练

第一步，组建团队，明确分工。一队一般有四到六人，模拟配送中心设备采购小组成员，各队选队长一名，模拟总经理，负责落实任务分工、监督任务实施、收发任务资料、汇报项目成果等；各队选记录员一名，模拟总经办文员，负责会议记录，主要记录团队成员发言内容，并上传成果。

第二步，按照第一部分的工作流程图模拟实施任务。首先，确定"课前做"环节的"楼宇配送机器人的应用调研"任务已完成。其次，本讨论以团队为单位，各团队之间不需交流，在分工时，每位队员至少查阅 3 种相关智慧设备。再次，结合乐实农配公司经营范围，重点查阅相关果蔬的特点。最后，在配备设备时，应尽量选用先进的、前端的，总价控制在 5 000 万以内。过程中，如遇问题或有疑惑直接举手向教师求助。

第三步，由"总经办文员"编制《乐实农配公司配送中心设备采购清单》，附各设备功能。

3. 课中评

各团队依次汇报成果，"总经理"简述"采购小组成员"在研讨会上的表现，重点强调各小组成员为本任务实施做出的贡献。最后，教师对各队表现进行评价。

（三）课后探究学习

根据专业理论知识的学习及实训练习，撰写有一定深度的学习感悟，就学到的知识及掌握的技能在未来职业中的应用或创新发表感悟，要求 50 字以上，请在课后三日内完成。

三、学习成果

乐实农配公司配送中心设备采购清单（附主要设备的功能说明）					
任务名称	选购农配中心设备	实施方法	讨论会＋展会参观	成果归属	团队
成果形式	采购清单	团队成员		任务得分	

第二部分　必备知识

一、选择农产品配送中心设备的原则

随着物流信息技术的快速发展,自动识别、自动检测、自动拣货、自动存取等技术逐渐应用在物流配送中心。在物流自动化程度越来越高的背景下,选购或配置配送中心设备时,应树立物流自动化的系统思维,将物流自动化作为公司发展的终极目标。在选购农产品配送中心的设备时,应遵守以下几点原则。

1. 标准化原则

应该尽量采用标准化的设备或部件,一是可以提高物流运作中的灵活性和互换性,二是可以降低设备和器具的购置和管理费用,以提高整体效率。

2. 合理化原则

在选购设备时,应该从整个系统的角度来考虑,把机械设备视为整个物流自动化系统的一个子系统,根据系统的总体设计目标,综合各种因素,选择合适的物流设备。每一类物流机械设备都有其基本功能,在选用设备时,要进行科学规划,认真研究选用设备的固有特点,扬长避短,制订出切实可行的配置方案,以求获得最好的效果。

3. 适应性原则

在物流自动化系统中,物流机械设备的选择应该能够适应各种不同的外部环境、物流任务和实际应用的需要,应满足气候、法律法规、人体工程学、管理要求等方面的需求。

4. 经济性原则

物流自动化的主要目标就是提高效率,降低成本。因此,在物流自动化系统设计的过程中也要注意经济性要求,一方面不能盲目选用高成本的先进技术,另一方面也要考虑整个系统的运行成本和维护成本。

5. 配套原则

在物流自动化系统中,更重要的是整个系统各环节的衔接和合理匹配,要保证各种物流机械设备在动力、功率、尺寸、性能、容量等各方面互相配套,也要保证物流机械设备能满足与人工操作相衔接的需要。

二、选择农产品配送中心设备应考虑的因素

1. 作业范围

在农产品配送中心的作业内容中,明确人工作业和机械作业的范围。确定入库、质检、仓储、加工包装、分拣、配货、出库等全部配送作业的机械化水平,并且要协调好前后作业的处理效率。

2. 模拟设备的能力和效率

根据设备说明书中规定的设备能力和效率,确认全体和每一个子作业范围之间是否协调。设定不同装卸作业、保管作业、搬运作业的必要功能,让设备的全部功能满负荷发挥,并在不同情况下,考察设备的能力和效率。

3. 投资的效益

计算出设备及附属设备的投资额,并且将配送效益、输送效果、作业效果等也折算成金额,进行各种效果间的比较,来确定采用何种设备能达到最佳的效益。

三、农产品配送中心的主要设施设备

1. 配送运输设备

冷藏车。为保证农产品的品质,在农产品配送运输过程中,一般使用冷藏车。冷藏车是装有制冷机组的制冷装置和聚氨酯隔热厢的冷藏专用运输汽车,冷藏车可以按生产厂家、底盘承载能力、车厢型式来分类。冷藏车常用于运输冷冻食品(冷冻车)、奶制品(奶品运输车)、蔬菜水果(鲜货运输车)、疫苗药品(疫苗运输车)等。

图 1-11 冷藏车

图 1-12 厢式货车

厢式货车。一类具有独立的封闭结构车厢,或与驾驶室联成一体的整体式封闭结构车厢,主要用于载运各类货物的商用车。厢式货车有后开门、左右开门、全封闭、半封闭、仓栅等开门方式,具有机动灵活、操作方便,工作高效、运输量大,充分利用空间及安全、可靠等优点。它既可以行驶在各种市际公路上,也可在城市市区内完成运输任务,各大工厂、超市、个人均适用。

2. 农残检测设备

为保证配送中心农产品的品质,配送中心应配备合适的农残检测设备,用于检测农产品的农药残留。农药残留是农药使用后残存于环境、生物体和食品中的衍生物、代谢物、农药母体、降解物和杂质的总称。造成蔬菜农药残留量超标的主要农药是有机磷农药和氨基甲酸酯类农药,如对硫磷、甲胺磷、甲拌磷、氧化乐果、甲基对硫磷等,在一些国家被禁止用于蔬菜生产。食用农药残留超标的蔬菜,对人体的危害非常严重,容易引起急性中毒,甚至导致死亡。

3. 环境检测设备

比较常用的环境检测设备是温湿度记录仪。温湿度记录仪是温湿度测量仪器中的一种,其内置的温湿度传感器可连接外部的温湿度传感器,具有测量温度和湿度的功能。随着全程冷链概念的兴起,温湿度记录仪技术发展迅猛。记录仪主要用于监测记录农产品、医药品、化学用品等产品在存储和运输过程中的温湿度数据,广泛应用于仓储、物流冷链的各个环节,如冷藏集装箱、冷藏车、冷藏包、冷库、实验室等。

图 1-13 农药残留检测仪

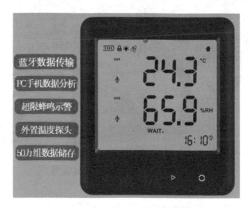

图 1-14 仓库温湿度检测仪

4. 保鲜储存设备

保鲜冷库。保鲜冷库是专用于临时存储新鲜水果、蔬菜、肉类等易损耗农产品的设备，温度范围为15℃～—20℃，可根据农产品的需要调节相应的温度。保鲜贮藏可以降低病源菌的发生率和果实的腐烂率，还可以减缓果蔬的呼吸代谢过程，从而达到阻止衰败、延长贮藏期的目的。

图 1-15 保鲜冷库

图 1-16 气调保鲜库

气调保鲜库。气调保鲜库是国内外较为先进的果蔬保鲜设施。它是在冷藏的基础上，增加气体成分调节，通过对贮藏环境中温度、湿度、二氧化碳、氧气浓度和乙烯浓度等条件的控制，抑制果蔬的呼吸作用，延缓其新陈代谢过程，更好地保持果蔬新鲜度和商品性，延长果蔬的贮藏期和保鲜期。通常气调贮藏比普通冷藏可延长贮藏期0.5～1倍；气调库内储藏的果蔬，出库后先从"休眠"状态"苏醒"，使得果蔬出库后保鲜期（销售货架期）可延长21～28天，是普通冷藏库的4～5倍。

5. 流通加工设备

真空包装机。真空包装机能够自动抽出包装袋内的空气，达到预定真空度后完成封口工序。亦可再充入氮气或其他混合气体，然后完成封口工序。真空包装机常被用于食品行业，因为食品经过真空包装以后，能够抗氧化，从而达到长期保存的目的。

图 1-17　大米真空包装设备

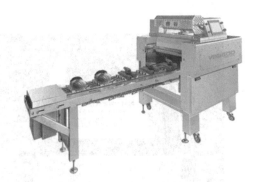

图 1-18　全自动保鲜膜包装机

全自动保鲜膜包装机。可用于无托盘包装的农产品,例如玉米、茄子、黄瓜、卷心菜、花椰菜、小南瓜、哈密瓜、西瓜、香瓜;也可用于带托盘包装的农产品,例如梨子、提子、猕猴桃、凤梨、苹果、草莓、水蜜桃、荷兰豆、辣椒、豆角、豆苗、红椒、金针菇等。

6. 储存设备

托盘货架。托盘货架即做成支柱加横梁式的货架,先将农产品放置在托盘上,然后通过叉车将托盘放置在货架上,其优点是存取方便,拣取效率高。但是,这种货架的储存密度低,需要较多的通道。这种形式的货架高度通常在 6 米以下,适用于少品种、大批量的农产品储存。

图 1-19　重型货架

图 1-20　轻型货架

轻型货架。轻型货架的设计和托盘货架相同,只是结构轻量化而已,适用于储存箱品和散品等重量轻、体积小的农产品。其特点是拆装容易、防震、耐用,并且可自由调整存放高度及间隔,货架高度一般在 4 米以下。

7. 搬运设备

手动液压搬运车。常见的有手动液压叉车,这是一种高起升装卸和短距离运输的两用车,由于不产生火花和电磁场,特别适用于汽车装卸及车间、仓库、码头、车站、货场等地的易燃、易爆和禁火物品的装卸运输。该产品具有升降平衡、转动灵活、操作方便等特点。

叉车。叉车是工业搬运车辆,是指对托盘货物进行装卸、堆垛和短距离运输作业的各种轮式搬运车辆。国际标准化组织工业车辆技术委员会(ISO/TC110)称其为工业车辆。它常用于仓储大型物件的运输,通常使用燃油机或者电池驱动。

图 1-21　手动液压托盘拖车

图 1-22　动力叉车

输送机。输送机是物流中心必不可少的重要搬运设备,它有水平和垂直搬运之分,也有整箱和托盘之分。决定输送机的主要参数是搬运物的最大宽度和长度,以及最大重量。此外,单位时间的搬运量也是重要参数。在物流中心中,使用最普遍的输送机是单元负载式输送机和立体输送机。单元负载式输送机包括滚筒式、带式和链条式 3 种类型。这些输送机主要用于固定路径的输送。输送机的单元负载有托盘、纸箱或固定尺寸的物品。

图 1-23　输送机

第三部分　新概念、新技术、新标准

扫描二维码,
了解新概念、
新技术、新标准

第四部分　拓展知识

扫描二维码，
学习更多知识

项目 **2**
农产品订单管理

 项目概况

　　乐实农配公司订单部主要负责订单工作年度计划的制定与实施；订单处理流程优化与改进；建立客户档案，进行阶段性客户大数据分析，为其他职能部门制定政策提供参考；开展客户订单处理、订单数据分析与预测等工作。订单部目前有订单主管 1 名，订单专员 2 名。近日，订单主管陈为华参加了某机构组织的"大数据时代的订单管理"培训，这次培训让陈主管大开眼界，他意识到了订单部门的重要性，决定从今日起重点推进四件事：首先是订单有效性分析，最大限度减少无效订单；其次是客户优先权分析，做好客户档案数据库，做好拣货单据的优化设计工作，提升拣货效率；再次是异常单据处理，做好与客户部的沟通协调，减少因订单处理错误而导致的异常单据；最后是客户订单大数据库的建立，进行订单大数据分析。陈主管决定为下属开展培训，建立客户订单大数据库，为分析客户行为奠定基础，为公司市场推广提供数据支撑。

 项目内容

项目任务	相关知识	新概念、新技术、新标准
2.1　订单有效性分析	订单有效性	新标准：电子商务第三方仓储服务管理规范
2.2　客户优先权分析	客户优先权	新标准：物流追溯信息管理
2.3　异常订单处理	异常订单	新标准：冷链物流分类与基本要求
2.4　订单大数据分析	订单大数据	新概念：大数据与供应链 新标准：物流人数据共享模型

 项目目标

　　（1）知识目标：掌握农产品订单有效性分析的方法；掌握客户优先权分析的方法；掌握常见异常订单的处理方法；掌握订单数据分析的内容。
　　（2）技能目标：能根据农产品配送公司的客户订单，开展订单有效性分析、客户优先权分析;能处理异常订单并提出相应措施;能根据农产品配送公司订单数据,开展订单数据分析。

(3) 价值目标:爱岗敬业、精益求精;实事求是、公平公正;镇定自若、心胸开阔;思维缜密、恪守规则。

相关岗位

订单主管

岗位职责:制定订单部门年度工作计划;监督和落实各项具体业务的执行情况,规范作业流程;负责组织各类销售报表的统计、整理工作;负责汇总、分析每日的订单与货品的数据;根据公司订单处理工作量,合理调配人员;负责与客户沟通确认订单信息,确保订单真实有效;负责印制拣货单,并交由拣货部;负责与客服部沟通协调,解决异常订单问题;负责与调度部沟通协调派车单、送货单等的异常问题;负责所有客户订单的跟踪反馈工作。

任职资格:专科学历及以上,具备3年以上的相关工作经验,1年以上的团队管理经验;具备一定的团队管理、组织协调能力,具备良好的判断和分析能力;熟练操作OFFICE,ERP等软件,身体健康,年龄原则上不超过30周岁,条件优秀者可放宽至35周岁。

职业发展:订单主管一般是从订单专员晋升上来的,其职业发展方向为配送经理、客服经理、仓储经理。成为配送经理,需要更加丰富的专业知识、强大的沟通能力、敏锐的数据分析力等素质。

薪资待遇:订单主管的薪酬一般在0.8万~1.5万每月,具体待遇因公司发展现状不同而相差较大。

运营数据分析师

岗位职责:基于公司业务逻辑,建立业务数据模型,构建有效的数据运营指标,提供运营状况的数据报表;负责部门业务的数据分析工作,及时进行预警,并给出合理性解决方案;针对运营团队遇到的困难和问题,产出分析报告,并利用数据优化经营;建立业务数据跟踪监控体系,实时进行跟踪监控,及时发现业务数据变化趋势,协助业务进行问题分析与跟进。

任职资格:本科学历及以上,具备2年以上的相关工作经验,1年以上的数据分析经验,有丰富的数据分析项目经验,熟练应用SQL,EXCEL,Python\Spss等工具,熟悉使用Tableau\FineBI\PowerBI等数据产品;有良好的数据敏感度,能从海量数据中提炼核心结果。年龄原则上不超过30周岁,条件优秀者可放宽至35周岁。

职业发展:数据分析师一般是从订单员晋升上来的,其职业发展方向为部门主管。

薪资待遇:数据分析师的薪酬一般在0.8万~1.5万每月,具体待遇因公司发展现状不同而相差较大。

订单员(订单需求分析)

岗位职责:滚动收集各渠道的销售预测,结合历史销售数据,搭建销售预测模型,分析销售趋势,与相关部门一同完成需求计划的制订;分析预测与实际的差异,优化需求管理,定期组织供需双方的复盘分析会,提高预测准确率;学习并建立供应链计划和库存管理的持续优化流程,控制合理的库存成本水平。

任职资格:专科学历及以上,有1年以上的快消品销售、多品类销售预测工作经验的优先;具备较强的沟通协调能力,能快速推进项目,保证项目进度,善于解决问题;对销售预测有扎实的专业理论知识、技能和丰富的实操经验;具有很强的数据分析能力,严谨的逻辑性,有很强的EXCEL技能。年龄原则上不超过30周岁,条件优秀者可放宽至35周岁。

职业发展:订单员属于初级岗位,其职业发展方向为订单主管。

薪资待遇:订单员的薪酬一般在0.6万~1.2万每月,具体待遇因公司发展现状不同而相差较大。

(备注:以上表格内容为在前程无忧网搜集、整理后的信息,仅供参考。整理时间:2021年12月。)

任务 2.1　订单有效性分析

 **任务描述**

　　乐实农配公司配送中心建成后,农产品保鲜存储条件大大改善,农产品包装档次大幅提高。随着公司一年一度的丰收节促销活动的到来,客户订单与日俱增。然而,对订单部的工作人员来说,并不完全是一件好事,因为订单增加的同时,无效订单也在增加。2021 年 8 月 12 日早上 8 点,订单部接到上海爱佳实业有限公司等七家客户的订单,要求送达时间均为 8 月 13 日早上 6 点前。客户订单内容、客户档案信息、农产品库存信息请扫描二维码获取。

　　请结合以上资料,分析乐实农配公司七份客户订单的有效性。

任务目标

扫描二维码,获取任务资料

　　知识目标:掌握农产品订单的主要内容、订单处理的方式,掌握农产品订单有效性分析的方法;

　　技能目标:能根据农产品配送公司客户订单,开展订单有效性分析;

　　价值目标:具备“爱岗敬业、精益求精”的工匠精神。

成果要求

　　《乐实农配公司订单有效性分析报告》。

建议学时

　　3 学时,其中线上 1 学时,线下 2 学时。

第一部分　任务实施

一、工作流程

作业名称	订单有效性分析	职能	订单处理
作业部门	订单部	涉及部门	无
目的	规范订单处理流程,减少无效订单的发生		

操 作 规 范	
工作流程图	操作说明

订单部接到客户订单	**负责岗位**:订单专员 **时间节点**:随时 **涉及表单**:客户订单
核实客户订单信息	**负责岗位**:订单专员 **时间节点**:接客户订单后即时 **工作内容**:核实产品、规格、价格等信息
信息是否准确 → 否 → 与客户沟通调整订单　是	**负责岗位**:订单专员 **时间节点**:核实订单信息以后 **工作内容**:无误订单进入下一步,问题订单与客户沟通修改
应收账款是否超额 → 是 → 无效订单　否	**负责岗位**:订单专员 **时间节点**:核实应收账款与信用额度后 **工作内容**:应收账款不超额度的进入下一步,超额的为无效订单
库存是否充足 → 否 → 与客户沟通延迟送货　是	**负责岗位**:订单专员 **时间节点**:确认库存之后 **工作内容**:库存充足确认为有效订单,缺货农产品与客户沟通延迟送货或修改订单
确认订单有效 完毕	**负责岗位**:订单主管 **时间节点**:全过程 **工作内容**:解决订单专员的问题

二、学习步骤

(一)课前自主学习

1. 课前思

根据"思政小课堂"分析思考:一丝不苟、精益求精的表现是什么?该品质对工作有何好处?如何养成一丝不苟、精益求精的工作习惯?

2. 课前学

观看任务微课,并完成小测验。相关理论知识见本教材的"必备知识"部分。

3. 课前做

调研身边的各类单据。有网购行为的同学,描述网络购物下单环节的过程,并注意留存购物订单信息;没有网购行为的同学,到大型商超、便利商店、水果店、餐饮店等地开展调研,或者在平时购物时获取相关信息。主要了解各公司收银条的格式及内容,以及收银过程中买卖双方的行为活动。

扫描二维码,进入思政小课堂

扫描二维码,观看微课

扫描二维码,完成小测验

(二)课中协作学习

1. 课中查

对课前学习任务的完成情况进行自查,根据学习不足之处,调整下一阶段的学习方法,制定新的学习策略,提升学习效果。

2. 课中练

第一步,组建团队,明确分工。一队一般有四到六人,模拟订单部职员,各队选队长一名,模拟订单主管,负责落实任务分工、监督任务实施、收发任务资料、汇报项目成果等;各队员模拟订单专员,均需完成订单有效性分析任务。

第二步,按照第一部分的工作流程图模拟实施任务。首先,确定"课前做"环节的"单据调研"任务已完成。其次,本次任务采取团队讨论与个人分析相结合的方式,各团队成员之间可以讨论、分析方案,但订单有效性分析任务由各队员单独完成。最后,在与客户沟通相关工作环节,由教师现场指定几位"客户"配合。过程中,如遇问题或有疑惑直接举手向教师求助。

第三步,各"订单专员"撰写《乐实农配公司订单有效性分析报告》。

3. 课中评

各团队依次汇报成果,各"订单主管"简述部门"订单专员"在讨论会上的表现,重点说明各"职员"订单有效性分析的结果。最后,教师对各队表现进行评价。

(三)课后探究学习

根据专业理论知识的学习及实训练习,结合自身体会撰写有一定深度的学习感悟,就学到的知识及掌握的技能在未来职业中的应用或创新发表感悟,要求 50 字以上,请在课后三日内完成。

三、学习成果

乐实农配公司订单有效性分析报告					
任务名称	订单有效性分析	实施方法	团队讨论＋独立分析	成果归属	个人
成果形式	分析报告	姓名		任务得分	

第二部分　必备知识

一、订单有效性分析

（一）有效订单的概念

根据客户订单所给的一系列数据，经过计算权衡，筛选出问题订单、无效订单，剩下的就是有效订单。

表 2-1　订单有效性界定表

有效订单	问题订单	无效订单
客户信息完整 客户信息金额、数量一致 没有重复 现有库存能满足客户需要 客户信誉度好	客户信息金额、数量不一致 处理方法：注明错误处，交由主管 签字改正为有效订单	客户信息不完整 客户联系不上 有重复 仓库没有足够库存

（二）订单有效性分析

1. 订单信息是否有误

订单时间。如果接收到的订单生成时间在当日之前，如 2021 年 8 月 6 日接到订单生成时间为 2021 年 6 月份的订单，需与客户核实后决定是否有效。

订单农产品范围。如果客户订单农产品超出配送中心业务范围，为无效订单，但需与客户沟通好。

订单农产品数量与金额。如果客户订单的农产品数量、单价与金额不符，为无效订单。

付款方式与付款时间。如果客户订单付款方式、付款时间与公司要求不符，为无效订单。

联系方式与收货地点。如果客户联系方式无效或收货地点有误，为无效订单。

2. 应收账款是否超出信用额度

应收账款是指企业在正常的经营过程中因销售农产品、提供农产品流通环节相关资讯及劳务等业务，应向购买单位收取的款项，包括应由购买单位或接受资讯及劳务单位负担的税金、代购买方垫付的各种运杂费等。如有已完成未结款订单，应作为新增应收账款计入应收账款之中，即"应收账款＝原应收账款＋新增应收账款"。

信用额度又称"信用限额"，是指农产品配送公司根据客户综合表现授予其一定金额的信用限度，就是在规定的一段时间内，客户可以赊欠该额度的农产品。客户的应收账款不能超过该客户的信用额度。信用额度与公司的经营能力、发展阶段、利润率、现金流等因素直接相关，一般情况下，公司的经营能力越强，利润率越高，信用额度也就越大。

当某客户的应收账款大于其信用额度时，该订单为无效订单，不予处理；当客户的应收账款小于其信用额度时，该订单为有效订单，进行处理，予以发货；当客户的应收账款等于其信用额度时，亦为有效订单，进行处理，予以发货，但要催促付款。

有时，客户单次订单金额过大，会使应收账款突然大于信用额度，但是，如果该客户为公司的忠实老客户,为了给客户缓冲余地,有时会设置一个百分比,当累积应收账款超过信用额度一定的百分比以后再视为无效订单。例如,累计应收账款超过信用额度 12% 的订单为无效订单。

如果遇到客户为母公司的特殊情况,根据会计法规定,母公司依照有关规定享有对子公司财产的所有权,并行使其所有者权利。所以母公司无论什么情况都是有效订单,而且订单优先级别最高。表 2-2 为订单有效性分析表示例。

表 2-2　订单有效性分析示例

客户名称	信用额度(万元)	应收账款(万元)	本次订单金额(万元)	累计应收账款金额(万元)	信用额度×(1+12%)	差值	分析结果
果蔬之家	25	15	5	20	28	-8	有效订单
牛郎生鲜	12	12	2	14	13.44	0.56	无效订单
健康你好	8	6	2	8	8.96	-0.96	有效订单
母公司 D	20	25	5	30	22.4	7.6	有效订单

3. 是否允许缺货

配送中心每天会接到客户的多份订单,随着农产品不断出入配送中心,有时客户的部分农产品会出现断货现象。如果订单客户接受缺货,允许延迟交货,则为有效订单,可分批次将农产品运至客户,或货到后一次性将农产品运至客户;如果订单客户不接受缺货/延迟交货,则为无效订单,不予处理。

二、订单有效性分析案例

2021 年 8 月 8 日 12 点,乐实农配公司订单部的订单员廖梦雨接到了 7 份订货单,表 2-3 至表 2-9 为订单的具体内容。

表 2-3　上海沸腾农产品销售有限公司订单

客户代码		FT		订货单位名称		沸腾
订货单位联系人		李飞腾		订货单位办公电话		67721234
序号	名称	等级	单位	单价(元)	数量	金额
1	菜心	一级	箱	50	7	350
2	水晶梨	一级	箱	85	2	170
3	水蜜桃	一级	箱	150	3	450
4	蒙牛酸奶	一级	箱	25	10	250
5	米苋	一级	箱	60	2	120
6	青菜	一级	箱	70	2	140
7	松林猪肉	一级	箱	260	1	260
8	土豆	一级	箱	90	4	360
总计		人民币大写:贰仟壹佰元整				2 100
经办人:刘朝顺					部门主管:金雪琛	

表 2-4　上海君得利农产品销售有限公司订单

客户代码			JDL	订货单位名称		君得利
订货单位联系人			赵军利	订货单位办公电话		37721234
序号	名称	等级	单位	单价（元）	数量	金额
1	菜心	一级	箱	50	4	200
2	洋葱	一级	箱	60	5	300
3	米苋	一级	箱	60	6	360
4	青菜	一级	箱	70	3	210
5	松林猪肉	一级	箱	260	2	520
6	土豆	一级	箱	90	5	450
总计	人民币大写：贰仟零肆拾元整					2 040
经办人：刘朝顺					部门主管：金雪琛	

表 2-5　上海不二家农产品销售有限公司订单

客户代码			BEJ	订货单位名称		不二家
订货单位联系人			刘鹏	订货单位办公电话		27721234
序号	名称	等级	单位	单价（元）	数量	金额
1	菜心	一级	箱	50	8	400
2	水晶梨	一级	箱	85	5	425
3	水蜜桃	一级	箱	150	4	600
4	米苋	一级	箱	60	2	120
5	青菜	一级	箱	70	5	350
6	土豆	一级	箱	90	3	270
7	洋葱	一级	箱	60	1	60
总计	人民币大写：贰仟贰佰贰拾伍元整					2 225
经办人：刘朝顺					部门主管：金雪琛	

表 2-6　上海永平农产品销售有限公司订单

客户代码			YP	订货单位名称		永平
订货单位联系人			董永平	订货单位办公电话		47721234
序号	名称	等级	单位	单价（元）	数量	金额
1	菜心	一级	箱	50	6	300
2	洋葱	一级	箱	60	2	120
3	米苋	一级	箱	60	10	600

(续表)

序号	名称	等级	单位	单价(元)	数量	金额
4	青菜	一级	箱	70	6	420
5	松林猪肉	一级	箱	260	2	520
6	土豆	一级	箱	90	15	1 350
总计	人民币大写：叁仟叁佰壹拾元整					3 310
经办人：刘朝顺					部门主管：金雪琛	

表 2-7 上海牛 A 农产品销售有限公司订单

客户代码		NA		订货单位名称		牛 A
订货单位联系人		王忠信		订货单位办公电话		87721234
序号	名称	等级	单位	单价(元)	数量	金额
1	米苋	一级	箱	60	5	300
2	青菜	一级	箱	70	25	1 750
3	松林猪肉	一级	箱	260	5	1 300
4	土豆	一级	箱	90	8	720
5	洋葱	一级	箱	60	25	1 500
总计	人民币大写：伍仟伍佰柒拾元整					5 570
经办人：刘朝顺					部门主管：金雪琛	

表 2-8 上海狗不理农产品销售有限公司订单

客户代码		GBL		订货单位名称		狗不理
订货单位联系人		刘二狗		订货单位办公电话		97721234
序号	名称	等级	单位	单价(元)	数量	金额
1	米苋	一级	箱	60	15	900
2	青菜	一级	箱	70	8	560
3	松林猪肉	一级	箱	260	3	780
4	土豆	一级	箱	90	20	1 800
5	洋葱	一级	箱	60	20	1 200
总计	人民币大写：伍仟贰佰肆拾元整					5 240
经办人：刘朝顺					部门主管：金雪琛	

表 2-9　上海索爱农产品销售有限公司订单

客户代码			SA	订货单位名称		索爱
订货单位联系人			刘大牛	订货单位办公电话		17721234
序号	名称	等级	单位	单价（元）	数量	金额
1	水晶梨	一级	箱	85	10	850
2	青菜	一级	箱	70	50	3 500
3	松林猪肉	一级	箱	260	10	2 600
4	土豆	一级	箱	90	20	1 800
5	洋葱	一级	箱	60	30	1 800
总计	人民币大写：壹万零伍佰伍拾元整					10 550
经办人：刘朝顺					部门主管：金雪琛	

订单员廖梦雨根据订单信息调取客户档案资料，表 2-10 至表 2-16 分别为 7 家客户的具体资料。

表 2-10　上海沸腾农产品销售有限公司档案资料

客户编号			20090809			
公司名称	沸腾农产品有限公司				代码	FT
法人代表	黄银丽	家庭地址	松江区中山路 1120 号		联系方式	67722345
证件类型	营业执照	证件编号	91310117SW7K38L51M		营销区域	松江区
公司地址	松江区北松公路 5758 号		邮编	201600	联系人	李飞腾
办公电话	67721234	家庭电话	67722345		传真号码	67721234
开户银行	中国农业银行松江支行		银行账号	3174784563131450		
公司性质	民营	所属行业	零售	注册资金	400 万	经营范围	农产品
信用额度	20 万元	忠诚度	高	满意度	一般	应收账款	15 万元
客户类型	普通型		客户级别	A		
建档时间	2009 年 8 月		维护时间	2021 年 6 月		

表 2-11　上海君得利农产品销售有限公司档案资料

客户编号			20070809			
公司名称	君得利农产品有限公司				代码	JDL
法人代表	李浩然	家庭地址	闵行区莘庄人民路 58 号		联系方式	37722345
证件类型	营业执照	证件编号	91310128SW7K38L66MS		营销区域	闵行区
公司地址	闵行区联农路 589 号		邮编	201500	联系人	赵军利
办公电话	37721234	家庭电话	37722345		传真号码	37722345

（续表）

开户银行	中国农业银行闵行支行			银行账号		3174784563113451	
公司性质	民营	所属行业	商业	注册资金	600万	经营范围	农产品
信用额度	50万元	忠诚度	一般	满意度	一般	应收账款	35万元
客户类型	普通型			客户级别	A		
建档时间	2007年8月			维护时间	2021年6月		

表 2-12　上海不二家农产品销售有限公司档案资料

客户编号	20090809						
公司名称	不二家农产品有限公司					代码	BEJ
法人代表	张栋	家庭地址	青浦区建设路21号			联系方式	27722345
证件类型	营业执照	证件编号	91310125SA7K38L12R			营销区域	青浦区
公司地址	青浦区汇金路1133号		邮编	201200		联系人	刘鹏
办公电话	27721234	家庭电话	27722345			传真号码	27721234
开户银行	中国农业银行青浦支行		银行账号	3176664563131454			
公司性质	合资	所属行业	零售	注册资金	60万	经营范围	农产品
信用额度	5万元	忠诚度	一般	满意度	较高	应收账款	4万元
客户类型	普通型			客户级别	B		
建档时间	2009年8月			维护时间	2021年6月		

表 2-13　上海永平农产品销售有限公司档案资料

客户编号	20010809						
公司名称	永平农产品有限公司					代码	YP
法人代表	许刚	家庭地址	金山区金山大道88号			联系方式	47722345
证件类型	营业执照	证件编号	91310009SW5K12L23M			营销区域	金山区
公司地址	金山区漕廊公路8093号		邮编	201400		联系人	董永平
办公电话	47721234	家庭电话	47722345			传真号码	47721234
开户银行	中国农业银行金山支行		银行账号	3174784563131454			
公司性质	外资	所属行业	零售	注册资金	2000万	经营范围	农产品
信用额度	200万元	忠诚度	高	满意度	高	应收账款	175万元
客户类型	重点型			客户级别	A		
建档时间	2001年8月			维护时间	2021年6月		

表 2-14　上海牛 A 农产品销售有限公司档案资料

客户编号	20050809				
公司名称	牛 A 农产品有限公司			代码	NA
法人代表	李红军	家庭地址	浦东新区世纪大道 111 号	联系方式	87722345
证件类型	营业执照	证件编号	91310107SR7K88H21K	营销区域	浦东新区
公司地址	浦东新区世纪大道 1192 号		邮编　201500	联系人	王忠信
办公电话	87721234	家庭电话	87722345	传真号码	87721234
开户银行	中国农业银行浦东支行		银行账号	3179874563535678	
公司性质	民营	所属行业　零售	注册资金　50 万	经营范围	农产品
信用额度	25 万元	忠诚度　一般	满意度　一般	应收账款	25 万元
客户类型	普通型		客户级别	B	
建档时间	2005 年 8 月		维护时间	2021 年 6 月	

表 2-15　上海狗不理农产品销售有限公司档案资料

客户编号	20010809				
公司名称	狗不理农产品有限公司			代码	GBL
法人代表	张大仙	家庭地址	虹口区神仙大道 18 号	联系方式	97722345
证件类型	营业执照	证件编号	91310006SD7G38N51J	营销区域	虹口区
公司地址	虹口区周家嘴路 546 号		邮编　201900	联系人	刘二狗
办公电话	97721234	家庭电话	97722345	传真号码	97721234
开户银行	中国农业银行虹口支行		银行账号	317652456756789	
公司性质	民营	所属行业　零售	注册资金　4 000 万	经营范围	农产品
信用额度	200 万元	忠诚度　高	满意度　高	应收账款	100 万元
客户类型	母公司		客户级别	A	
建档时间	2001 年 8 月		维护时间	2021 年 6 月	

表 2-16　上海索爱农产品销售有限公司档案资料

客户编号	20150809				
公司名称	上海索爱农产品有限公司			代码	SA
法人代表	刘二牛	家庭地址	杨浦军工路 358 号	联系方式	17721234
证件类型	营业执照	证件编号	91310002AW1R35U75L	营销区域	杨浦区
公司地址	杨浦区军工路 8 号		邮编　201200	联系人	刘大牛
办公电话	17721234	家庭电话	17722345	传真号码	17721234
开户银行	中国农业银行杨浦支行		银行账号	317652456756789	

(续表)

公司性质	民营	所属行业	零售	注册资金	80万	经营范围	食品
信用额度	5万元	忠诚度	一般	满意度	高	应收账款	5万元
客户类型	普通型			客户级别	B		
建档时间	2015年8月			维护时间	2021年6月		

然后,廖梦雨打开公司仓储管理系统,查看的库存信息如表2-17所示:

表2-17 乐实农配公司库存信息(8月8日)

序号	编号	名称	件数	重量	长宽高(cm)	体积(cm³)	单位	入库时间	存储库房
1	2020003	水晶梨	50	20	45×30×40	54 000	箱	2021/8/7	2号库房
2	2030001	水蜜桃	60	30	45×30×40	54 000	箱	2021/8/7	2号库房
3	3020004	菜心	80	25	60×30×40	72 000	箱	2021/8/7	3号库房
4	3020014	金龙鱼油	50	30	65×40×50	130 000	箱	2021/8/7	3号库房
5	3020001	蒙牛酸奶	50	8	40×25×30	30 000	箱	2021/8/7	3号库房
6	3020002	米苋	30	18	60×30×40	72 000	箱	2021/8/7	3号库房
7	3010003	青菜	60	8	60×30×40	72 000	箱	2021/8/7	3号库房
8	3040002	松林猪肉	20	30	50×40×30	60 000	框	2021/8/7	3号库房
9	3020003	土豆	50	30	60×30×40	72 000	箱	2021/8/7	3号库房
10	3020015	洋葱	100	15	60×30×40	72 000	箱	2021/8/7	3号库房

第一步,核实客户订单信息。首先核对订单农产品信息,确认公司有该农产品,其次与客户确认品名、规格、单价、数量、收货地址是否有误,最后确认收货地址在公司服务范围之内。经核实,七位客户的订单均有效。

第二步,确认应收账款是否超出信用额度,判断是否有效。为维护与客户之间的合作关系,将应收账款的最高红线放宽至原信用额度的1.12倍。各客户信用额度、应收账款信息见表格2-18订单有效性分析表。经统计分析,客户上海索爱农产品销售有限公司的订单因应收账款超出信用额度,为无效订单,其余六家订单均有效。

表2-18 订单有效性分析表

客户名称	信用额度(万元)	应收账款(万元)	本次订单金额(万元)	累计应收账款金额(万元)	信用额度*(1+12%)	差值	分析结果
沸腾	20	15	0.21	15.21	22.4	−7.19	有效
君得利	50	35	0.204	35.204	56	−20.796	有效
不二家	5	4	0.2225	4.2225	5.6	−1.3775	有效

（续表）

客户名称	信用额度（万元）	应收账款（万元）	本次订单金额（万元）	累计应收账款金额（万元）	信用额度＊（1＋12%）	差值	分析结果
永平	200	175	0.331	175.331	224	−48.669	有效
牛 A	25	25	0.557	25.557	28	−2.443	有效
狗不理	200	100	0.524	100.524	224	−123.476	有效
索爱	5	5	1.055	6.055	5.6	0.455	无效

第三步，确定库存是否缺货。首先将客户订单进行分类汇总，把每种农产品的总订单需求算出来，再对照公司库存信息，如无缺货现象发生，确认为有效订单。如有缺货的，与客户沟通协调。如果订单客户接受缺货或者延迟交货，为有效订单，可分批次将农产品运至客户，或货到后一次性将农产品运至客户；如果订单客户不接受缺货/延迟交货，为无效订单，不予处理。经核实，米苋和土豆出现缺货现象，但六位客户均允许延迟送货，所以六位客户订单均有效，订单数量与可用库存对照如表 2-19 所示。

表 2-19　订单数量与可用库存对照表

序号	商品名称	单位	可用库存	订单数量
1	菜心	箱	80	25
2	水晶梨	箱	50	7
3	水蜜桃	箱	60	7
4	蒙牛酸奶	箱	50	10
5	米苋	箱	30	40
6	青菜	箱	60	49
7	松林猪肉	箱	20	13
8	土豆	箱	50	55
9	洋葱	箱	100	53

第三部分　新概念、新技术、新标准

扫描二维码，
了解新概念、
新技术、新标准

第四部分　拓展知识

扫描二维码，
学习更多知识

　　客户优先权分析

任务描述

随着生活工作节奏的加快，越来越多的客户对农产品配送时间有明确要求，个别客户甚至将送达时间精确到了分钟。对配送公司来讲，不可能为每一个客户安排一辆配送车，在大多数情况下，一辆车同时为多家客户配送，这就涉及配送的先后顺序问题。在相同要求的情况下，我们到底先给谁送呢？任务 2.1 订单有效性分析中，根据资料，我们对七份客户订单进行了有效性分析，本次任务是对有效客户订单进行客户优先权分析，即解决先给谁送，再给谁送，最后给谁送的问题。相关资料见任务 2.1 的任务资料。

请结合任务 2.1 订单有效性分析的结果，对有效客户订单进行优先权分析。

任务目标

知识目标：熟悉客户优先权分析的影响因素，掌握客户优先权分析的方法，掌握拣货单的格式及内容；

技能目标：能根据农产品配送公司客户档案，开展客户优先权分析；

价值目标：具备"实事求是、公平公正"的职业素养。

成果要求

《乐实农配公司客户优先权分析报告》。

建议学时

3 学时，其中线上 1 学时，线下 2 学时。

第一部分　任务实施

一、工作流程

作业名称	客户优先权分析	职能	订单处理
作业部门	订单部	涉及部门	无
目的	规范订单处理流程，科学合理安排配送顺序		

<table>
<tr><th colspan="2">操 作 规 范</th></tr>
<tr><th>工作流程图</th><th>操作说明</th></tr>
<tr>
<td>

接到客户优先权分析
工作任务

↓

</td>
<td>

负责岗位：订单专员
时间节点：订单有效性分析结束后
涉及表单：《客户订单》《客户档案》《库存信息》

</td>
</tr>
<tr>
<td>

确定优先权分析所用
因素（指标）

↓

</td>
<td>

负责岗位：订单专员
工作内容：与订单主管讨论、确定影响优先权分析的因素
工作要求：一丝不苟、精益求精

</td>
</tr>
<tr>
<td>

根据各因素重要性
确定权重

↓

</td>
<td>

负责岗位：订单专员
工作内容：与订单主管研讨确定各因素权重
补充说明：各因素权重之和应为1

</td>
</tr>
<tr>
<td>

文本型因素
的量化

↓

</td>
<td>

负责岗位：订单专员
工作内容：将文本型指标转换为数字
补充说明：有优劣之分的指标，优者则数大

</td>
</tr>
<tr>
<td>

计算各因素所占比重

↓

</td>
<td>

负责岗位：订单专员
工作内容：根据工作计算各因素比重
计算公式：因素$_1$比重＝因素$_1$/$\sum$各客户因素$_1$

</td>
</tr>
<tr>
<td>

计算客户优先权得分

↓

</td>
<td>

负责岗位：订单专员
工作内容：根据新的指标数值（比重）计算优先权
计算公式：客户优先权＝（因素$_1$/$\sum$各客户因素$_1$）＊权重$_1$＋（因素$_2$/$\sum$各客户因素$_2$）＊权重$_2$＋……＋（因素$_n$/$\sum$各客户因素$_n$）＊权重$_n$

</td>
</tr>
<tr>
<td>

得出客户优先级别的
排序结果

↓

完毕

</td>
<td>

负责岗位：订单专员
工作内容：根据客户优先权得分大小排序
补充说明：分值越高说明客户越重要，应优先送货

</td>
</tr>
</table>

二、学习步骤

(一) 课前自主学习

1. 课前思

根据"思政小课堂"分析思考：小王为何被老板开除？什么是"实事求是、公平公正"？对公司员来讲，"实事求是、公平公正"有那么重要吗？如何养成"实事求是、公平公正"的习惯？

扫描二维码，进入思政小课堂

2. 课前学

观看任务微课，并完成小测验。相关理论知识见本教材的"必备知识"部分。

3. 课前做

查阅学生手册，了解综合测评分值的计算方法。每学年结束时，辅导员都会开展班级综合测评工作。综合测评一般涉及多个维度，有思想道德、集体活动、学习成绩等模块，综合测评的结果反映的是学生的综合素质，根据综合测评排名确定一等、二等和三等奖学金的学生。请将你学到的综合测评步骤列出来。

扫描二维码，观看微课

(二) 课中协作学习

1. 课中查

对课前学习任务的完成情况进行自查，通过课程平台配合教师完成课前预习效果小测验，根据学习不足之处，调整下一阶段的学习方法，制定新的学习策略，提升学习效果。

扫描二维码，完成小测验

2. 课中练

第一步，组建团队，明确分工。一般一队有四到六人，模拟订单部职员，各队选队长一名，模拟订单主管，负责落实任务分工、监督任务实施、收发任务资料、项目成果汇报等；各队员模拟订单专员，均需完成客户优先权分析任务。

第二步，按照第一部分的工作流程图模拟实施任务。首先，确定"课前做"环节的任务已完成。其次，本次任务采取团队讨论与个人分析相结合的方式，各团队成员之间可以讨论分析方案，但优先权分析任务由各队员单独完成。过程中，如遇问题或有疑惑直接举手向教师求助。

第三步，各"订单专员"撰写《乐实农配公司客户优先权分析报告》。

3. 课中评

各团队依次汇报成果，各"订单主管"简述部门"订单专员"在讨论会上的表现，重点说明各"职员"客户优先权分析的结果。最后，教师对各队表现进行评价。

(三) 课后探究学习

根据专业理论知识的学习及实训练习，结合自身体会撰写有一定深度的学习感悟，就学到的知识及掌握的技能在未来职业中的应用或创新发表感悟，要求 50 字以上，请在课后三日内完成。

三、学习成果

乐实农配公司客户优先权分析报告					
任务名称	客户优先权分析	实施方法	团队讨论＋独立分析	成果归属	个人
成果形式	分析报告	姓名		任务得分	

（一）确定权重

（二）因素量化

（三）求各影响因素的比重

（四）求客户优先权得分

（五）制定库存分配计划表

（六）客户优先权分析

第二部分　必备知识

一、客户优先权分析

（一）客户优先权概述

没有顾客，商家就不能赢得市场份额，就没有营业额，最终，商家就不能获利，更谈不上创造最大的效益。因而，谁能抓住顾客，谁能得到效益；谁能赢得最多的顾客，谁就是市场的王者。很多公司都会把"顾客是上帝"作为经营口号，物流公司也不例外。既然顾客那么重要，为什么还要给我们的客户进行优先级排序呢？

从供求关系的角度看，当某种商品供小于求时，即很多消费者抢购有限的商品时，有两个结果，一是通过商品涨价减少顾客数量，一是选择特定的顾客给予供货。

客户优先权是指当某种商品数量不能完全满足客户订单的时候，对所有的客户进行重要性分析，然后按照重要程度对客户进行排序，重要客户享有该商品的优先供给权，非重要客户不能获得该商品。在分析优先权时，有时还会考虑客户订单的紧急性，就像我们去邮局发包裹一样，有一般的，有加急的。有些客户出于特殊原因，可能会出现加急订单，该订单商品对客户的发展有重要影响。

（二）客户优先权的影响因素

对配送公司来说，有些客户很重要，有些客户不重要，对重要性的判断存在一定的主观性。但客观来说，以下几个因素会对客户的优先权产生影响。

1. 客户类型

这里谈到的客户一般指公司，为了便于后面的计算，本书将客户类型分为普通客户、重点客户和母公司三类。根据会计法规定，母公司依照有关规定享有对子公司财产的所有权，并可行使其所有者权利。所以母公司无论什么情况都是有效订单，而且客户优先级别最高。

2. 客户级别

根据客户近几年的综合表现，从采购规模、客户信用情况、客户付款效率、客户响应速度等方面对客户进行考核，将客户分为：A 级客户、B 级客户、C 级客户。

3. 满意度

根据客户近几年的综合表现，从采购规模、客户信用情况、客户付款效率、客户响应速度、订货频率等方面对客户进行考核，将满意度分为：高、较高、一般和低四类。

4. 忠诚度

根据客户近几年的综合表现，从采购规模、缺货等待率、客户付款效率、客户意见建议等方面对客户进行考核，将忠诚度分为：高、较高、一般和低四类。

5. 信用额度

信用额度又称信用限额，是指配送公司根据客户综合表现授予其一定金额的信用限度，就是在规定的一段时间内，客户可以赊欠该额度的货物。

（三）客户优先权分析

第一步，确定权重。客户优先权影响因素确定之后，为各因素设置权重，要求各因素的权重之和为 1。

第二步,因素量化。将文本性质的因素进行量化,比如,满意度"高"用数字 3 表示,"较高"用数字 2 表示,"一般"用数字 1 表示,低用数字 0 表示。

第三步,求客户各影响因素的比重。将客户的各影响因素分别求和,然后求各客户该影响因素的比重。

第四步,求客户优先权得分。公式:客户优先权得分=(因素$_1$/$\sum$各客户因素$_1$)*权重$_1$+(因素$_2$/$\sum$各客户因素$_2$)*权重$_2$+(因素$_3$/$\sum$各客户因素$_3$)*权重$_3$+……+(因素$_n$/$\sum$各客户因素$_n$)*权重$_n$。

二、客户优先权分析案例

在任务 2.1 订单有效性分析中,通过表格 2-3 至表格 2-17,我们分析了沸腾等七位客户订单的有效性,分析结果为上海索爱农产品销售公司订单无效,不予送货,其余沸腾、君得利、不二家、永平、牛 A、狗不理六家订单为有效订单。在满足六家客户订单时,发现米苋和土豆存在缺货现象。为科学合理地满足客户要求,请根据以上资料对六家订单客户的优先权进行分析。具体资料见表格 2-3 至表格 2-17。

根据客户档案中的信息,选取信用额度、忠诚度、满意度、客户类型、客户级别等五个指标为评价客户优先权的影响因素,从客户档案中将相应的指标提取出来,编制客户优先权影响因素汇总表,见表 2-20。

表 2-20　客户优先权指标汇总表

因素名称	沸腾	君得利	不二家	永平	牛 A	狗不理
信用额度	20	50	5	200	25	200
忠诚度	高	一般	一般	高	一般	高
满意度	一般	一般	较高	高	一般	高
客户类型	普通型	普通型	普通型	重点型	普通型	母公司
客户级别	A	A	B	A	B	A

第一步,确定权重。根据指标重要性为各指标确定权重,设定信用额度的权重为 0.1,忠诚度的权重为 0.2,满意度的权重为 0.2,客户类型的权重为 0.3,客户级别的权重为 0.2。注意各指标权重之和应为 1。

第二步,因素量化。为有利于数据统计,对表 2-20 中的文本性质的指标进行量化处理,如将"忠诚度高"量化为"3","忠诚度较高"量化为"2","忠诚度一般"量化为"1"。具体量化标准见表 2-21 优先权指标量化标准,量化后的优先权指标值见表 2-22。

表 2-21　优先权指标量化标准

因素名称	量 化 过 程					
	因素值	量化值	因素值	量化值	因素值	量化值
忠诚度	高	3	较高	2	一般	1
满意度	高	3	较高	2	一般	1

（续表）

因素名称	量 化 过 程					
	因素值	量化值	因素值	量化值	因素值	量化值
客户类型	母公司	3	重点	2	普通	1
客户级别	A	3	B	2	C	1

表 2-22　量化后客户优先权指标

因素名称	沸腾	君得利	不二家	永平	牛A	狗不理
信用额度	20	50	5	200	25	200
忠诚度	3	1	1	3	1	3
满意度	1	1	2	3	1	3
客户类型	1	1	1	2	1	3
客户级别	3	3	2	3	2	3

第三步，求客户各影响因素的比重，精确到小数点后两位。将客户的各影响因素分别求和，然后求各客户该影响因素的比重，如表 2-23 所示。

例如：沸腾信用额度的比重 $= \dfrac{20}{20+50+5+200+25+200} = 0.04$

表 2-23　各影响因素的比重汇总表

因素名称	沸腾	君得利	不二家	永平	牛A	狗不理
信用额度	0.04	0.10	0.01	0.40	0.05	0.40
忠诚度	0.25	0.08	0.08	0.25	0.08	0.25
满意度	0.09	0.09	0.18	0.27	0.09	0.27
客户类型	0.11	0.11	0.11	0.22	0.11	0.33
客户级别	0.19	0.19	0.13	0.19	0.13	0.19

第四步，求客户优先权得分。例如：沸腾优先权得分 $= 0.04*0.1+0.25*0.2+0.09*0.2+0.11*0.3+0.19*0.2 = 0.14$。

依次计算各客户优先权得分，见表 2-24。

表 2-24　各客户得分及优先顺序表

客户名称 影响因素	沸腾	君得利	不二家	永平	牛A	狗不理
信用额度	0.04	0.10	0.01	0.40	0.05	0.40
忠诚度	0.25	0.08	0.08	0.25	0.08	0.25
满意度	0.09	0.09	0.18	0.27	0.09	0.27
客户类型	0.11	0.11	0.11	0.22	0.11	0.33

（续表）

客户名称＼影响因素	沸腾	君得利	不二家	永平	牛A	狗不理
客户级别	0.19	0.19	0.13	0.19	0.13	0.19
合计	0.14	0.12	0.11	0.25	0.10	0.28
优先等级	三	四	五	二	六	一

根据得分大小，优先送货顺序为：狗不理→永平→沸腾→君得利→不二家→牛A。

第五步，制定库存分配计划表，见表2-25。

表2-25　库存分配计划表

序号	货品名称	可用库存	订单需求量（以下按优先权顺序从前至后）											
			狗不理		永平		沸腾		君得利		不二家		牛A	
			订货	缺货	订货	缺货	订货	缺货	订货	缺货	订货	缺货	订货	缺货
1	菜心	80	0	0	6	0	7	0	4	0	8	0	0	0
2	水晶梨	50	0	0	0	0	2	0	0	0	5	0	0	0
3	水蜜桃	60	0	0	0	0	3	0	0	0	4	0	0	0
4	蒙牛酸奶	50	0	0	0	0	10	0	0	0	0	0	0	0
5	米苋	30	15	0	10	0	2	0	6	-3	2	-2	5	-5
6	青菜	60	8	0	6	0	2	0	3	0	5	0	25	0
7	松林猪肉	20	3	0	2	0	1	0	2	0	0	0	5	0
8	土豆	50	20	0	15	0	4	0	5	0	3	0	8	-5
9	洋葱	100	20	0	2	0	0	0	5	0	1	0	25	0

第六步，优先权结果分析。

从表2-25可以看出，对米苋的分配结果为客户狗不理、永平、沸腾等三家客户正常供货，对客户君得利先送3件，延迟补送货3件，对客户不二家延迟补送货2件，对客户牛A补送货5件。对土豆的分配结果为客户狗不理、永平、沸腾、君得利、不二家五家客户正常供货，对客户牛A先送货3件，延迟补送货5件。

第三部分　新概念、新技术、新标准

扫描二维码，
了解新概念、
新技术、新标准

第四部分 拓展知识

扫描二维码，学习更多知识

任务 2.3　异常订单处理

 **任务描述**

客户下单后，经常会因各种原因需要修改或者调整订单内容。另外，虽然因农产品的特殊性，乐实农配公司可以不执行"七天无理由退货"条款，但在收到客户退换货的要求时，到底该不该满足客户的这些要求呢？客户在订单已提交、未审核时，订单已审核、未打单时，订单已打单、未拣货时，订单已拣货、未复核时，订单已复核、未发货时，订单已发货时等不同时间节点提出"退换货"问题，分别该如何解决？面对这些异常订单，我们该怎么办？

请结合以上资料，思考配送公司一般有哪些异常订单，如果乐实农配公司遇到这样的异常订单，请为其填写异常订单处理报告。

任务目标

知识目标：了解异常订单产生的原因，熟悉异常订单的表现形式，掌握常见的异常订单的处理方法；

技能目标：能根据农产品配送公司异常订单，提出相应措施并处理；

价值目标：具备"镇定自若、心胸开阔"的职业素养。

成果要求

《乐实农配公司异常订单处理报告》。

建议学时

1.5 学时，其中线上 0.5 学时，线下 1 学时。

第一部分　任务实施

一、工作流程

作业名称	异常订单处理	职能	订单处理
作业部门	订单部	涉及部门	无
目的	规范订单处理流程,科学、合理地处理异常订单		

操 作 规 范	
工作流程图	操作说明
出现异常订单	**负责岗位**:订单专员 **时间节点**:异常订单出现即时 **涉及表单**:客户订单
是否已审核 ── 否 ──▶ 系统修改订单或由客户撤销	**负责岗位**:订单专员 **工作内容**:在订单系统修改 **补充说明**:也可由客户先撤销再重新下单
是否已打单 ── 否 ──▶ 经主管授权后系统修改订单	**负责岗位**:订单专员 **工作内容**:经订单主管授权后系统修改 **补充说明**:原则上不再允许客户撤单
是否已拣货 ── 否 ──▶ 系统修改订单作废已打单据重新打印单据	**负责岗位**:订单专员 **工作内容**:经订单主管授权后系统修改 **补充说明**:勿忘作废订单的相关处理
是否已复核 ── 否 ──▶ 系统修改订单作废已打单据重新打印单据	**负责岗位**:订单专员 **工作内容**:经订单主管授权后系统修改 **补充说明**:勿忘作废订单的相关处理
是否已发货 ── 否 ──▶ 系统修改订单作废已打单据重新打印单据重新开展拣货	**负责岗位**:订单专员 **工作内容**:经订单主管授权后系统修改 **补充说明**:勿忘已拣农产品的相关处理
退换货处理　完毕	**负责岗位**:订单专员 **工作内容**:尽量劝说客户不做调整 **补充说明**:如需要可以给客户适当折扣

扫描二维码，进入思政小课堂

扫描二维码，观看微课

扫描二维码，完成小测验

二、学习步骤

（一）课前自主学习

1. 课前思

请根据"思政小课堂"分析思考：订单专员小王是怎么劝说客户修改订单的？如果按照客户要求修改订单，对公司会有哪些影响？在本件事情的处理上，体现了小王的什么素质？

2. 课前学

观看任务微课，并完成小测验。相关理论知识见本教材的"必备知识"部分。

3. 课前做

在电商平台下单后体验改单：在电商平台购物，下单成功后，在商家发货前，或者在商家发货后，联系客服提出订单调整申请，可调整同一商品的型号或颜色，可调换成另一商品，可撤销订单，也可修改收货人电话、地址等。同学们可选择其中一种情况，请截屏记录修改订单的全过程。

（二）课中协作学习

1. 课中查

对课前学习任务的完成情况进行自查，根据学习不足之处，调整下一阶段的学习方法，制定新的学习策略，提升学习效果。

2. 课中练

第一步，组建团队，明确分工。一般四到六人一队，其中一队模拟客户，负责制造"异常订单"。其他各队模拟订单部职员，各队选队长一名，模拟订单主管，负责落实任务分工、监督任务实施、收发任务资料、汇报项目成果等；各队员模拟订单专员，每人至少完成三个异常订单的处理任务。

第二步，按照第一部分的工作流程图模拟实施任务。首先，确定"课前做"环节的任务已完成。其次，本次任务采取团队讨论与个人分析相结合的方式，各团队成员之间可以讨论，但具体异常订单的处理由各队员单独完成。最后，由"订单专员"处理"客户"的各种异常订单。过程中，如遇问题或有疑惑直接举手向教师求助。

第三步，各"订单专员"撰写《乐实农配公司异常订单处理报告》。

3. 课中评

各团队依次汇报成果，各"客户"根据"订单专员"在处理异常订单过程中的表现，对各队队员进行评价。最后，教师对各队表现进行评价。

（三）课后探究学习

根据专业理论知识的学习及实训练习，结合自身体会撰写有一定深度的学习感悟，就学到的知识及掌握的技能在未来职业中的应用或创新发表感悟，要求50字以上，请在课后三日内完成。

三、学习成果

乐实农配公司异常订单处理报告					
任务名称	异常订单处理	实施方法	团队讨论＋独立分析	成果归属	个人
成果形式	处理报告	姓名		任务得分	

乐实农配公司异常订单处理报告

1. 异常订单 1 的说明：
   处理措施：

2. 异常订单 2 的说明：
   处理措施：

3. 异常订单 3 的说明：
   处理措施：

4. 异常订单 4 的说明：
   处理措施：

5. 异常订单 5 的说明：
   处理措施：

第二部分 必备知识

一、异常订单概述

异常订单是指订单部从接到客户订单,到将订单农产品配送到客户手中之前,客户因各种原因提出修改、调整内容的订单。修改、调整的内容主要表现在两个方面,一是客户提出更改收件信息,比如收件人姓名、联系方式和收件地址;二是客户提出更改订单农产品信息,主要包括添加、扣减、更换、退订这几种情况。

二、异常订单的表现形式及处理方法

一般而言,接到异常订单信号的首先是客服,客服可以通过订单查询来判断订单处于哪种状态,但多数情况下,因为客服部并不直接参与订单处理工作,所以需要将异常订单的信号传递给相关环节的操作人员,由相关人员来完成订单收件信息或货品信息的调整。异常订单出现在不同的时间节点,有不同的解决办法:

1. 已提交、未审核的订单及其处理方法

已提交、未审核的订单是指订单部已收到客户订单,在开展审核、确认工作之前,客户提出修改调整相关内容的订单。这种异常订单属于最好解决的订单,因为这种情况下,订单专员还没有将订单内容确认并录入系统,订单专员可以根据客户要求,在原订单的基础上修改订单内容,也可以退回订单后,由客户重新填写。

2. 已审核、未打单的订单及其处理方法

已审核、未打单的订单是指订单部人员已完成订单审核并确认为有效订单,在打印拣货单、发货单、派车单之前,客户提出修改、调整相关内容的订单。已审核、确认的订单,已经在订单管理系统生成记录,如需调整,订单专员需找订单主管获取修改权限,按照客户要求调整相关内容,在订单管理系统中生成新的订单;原则上,对于已审核订单,不再办理撤单申请。

3. 已打单、未拣货的订单及其处理方法

已打单、未拣货的订单是指订单部在审核、确认订单后,已将拣货单、发货单、派车单等单据打印,在安排各单据操作部门开展作业之前,客户提出修改调整相关内容的订单。正常情况下,打印好的拣货单要迅速交拣货组,打印好的发货单、派车单要迅速交调度组,在各单据未交操作部门之前,订单部要撤回所有打印单据,经订单主管审批后,按照客户要求重新印制相关单据。对于提出修改收货人信息的,重新打印发货单和派车单;对于提出修改农产品信息的,重新打印拣货单。

4. 已拣货、未复核的订单及其处理方法

已拣货、未复核的订单是指拣货组已按照拣货单实施拣货作业,在拣货复核人员开展出库复核之前,客户提出修改调整相关内容的订单。如客户提出修改收货人信息的,订单部印制新的发货单和派车单,并与调度组做好沟通,及时做好新旧单据的替换,并将之前的相关单据收回做"作废"处理。如客户提出修改农产品信息的,需根据客户要求重新打印拣货单

和发货单,将新拣货单交拣货组做重新拣货处理,对于已拣农产品,由品控组开展质量检查,质量没有问题的,由拣货组按照老拣货单做退回原货位处理;将新发货单交调度组替换之前发货单,由单据组收回之前的发货单、拣货单并做"作废"处理。

5. 已复核、未发货的订单及其处理方法

已复核、未发货的订单是指拣货组拣货作业完毕并完成出库前复核,在送货专员装车配载之前,客户提出修改、调整相关内容的订单。与已拣货、未复核的订单的区别是,已拣货、未复核的订单是指拣货专员已经开始拣货,拣货作业可能刚刚开始,也可能已拣货一部分,也有可能已拣货完毕,但还未复核;而已复核、未发货的订单明确拣货作业已完成,并进行了复核确认。在处理该情况的订单时,措施与已拣货、未复核的订单相同。

6. 已发货的订单及其处理方法

已发货的订单是指调度组已按照订单内容完成装车,配送车辆正在配送途中,客户提出修改、调整相关内容的订单。这种情况下,客户提出修改订单,对于客服部、订单部、拣货组、调度组来说已经没有调整的余地了。客服部应与客户沟通尽量不作调整,如果确需调整,只能通过退换货的途径处理,对已发货物做退回处理。因农产品的特殊性,多次装卸操作就意味着损耗,退回的农产品因新鲜度问题,很难再按照原价销售,损失较大,所以做农产品配送的要尽量避免退换货现象的发生。

第三部分　新概念、新技术、新标准

扫描二维码,
了解新概念、
新技术、新标准

第四部分　拓展知识

扫描二维码,
学习更多知识

任务 2.4 订单大数据分析

任务描述

乐实农配公司开业以来,经营业绩稳步提升,但与公司年度经营计划仍有一定差距,公司特色农产品的市场占有率仍然不够高,公司客户规模还不够大,公司辐射区域的业务发展仍不均衡。为对症下药,张总决定对现有的客户订单数据开展一次深入分析,欲通过本次分析更加准确地把握客户消费行为,为后期制定针对性的市场销售政策做准备。

乐实农配公司 2021 年 3 月份的客户订单数据请扫描二维码,表中有 276 条客户订单数据,有订单编号、订单金额、订单日期、客户姓名等信息。

扫描二维码,
获取任务资料

请根据以上资料,对乐实农配公司 3 月份的客户订单数据进行分析。

(可以从客户消费趋势、客户个体消费分析、客户消费行为分析等三个方面出发,请至少选择六个相关指标,并对各指标的计算结果做出分析说明,形成《乐实农配公司订单数据分析报告》。)

任务目标

知识目标:了解分析数据用到的工具,熟悉数据分析的方法,掌握数据分析的内容;

技能目标:能根据农产品配送公司订单数据,开展订单大数据分析;

价值目标:具备"思维缜密、恪守规则"的职业素养。

成果要求

《乐实农配公司订单数据分析报告》。

建议学时

1.5 学时,其中线上 0.5 学时,线下 1 学时。

第一部分 任务实施

一、工作流程

作业名称	订单大数据分析	职能	订单处理
作业部门	订单部	涉及部门	无
目的	规范订单处理流程,科学、合理地利用订单数据资源,发挥数据应有的价值		

操 作 规 范	
工作流程图	操作说明
接到订单数据分析工作任务	**负责岗位**:订单专员(数据分析专员) **时间节点**:接到数据分析任务即时 **涉及表单**:《客户订单数据信息》
明确数据分析的目标,确定分析指标	**负责岗位**:订单专员 **工作内容**:明确分析目的,确定分析指标 **补充说明**:分析维度包括客户消费趋势分析、个体消费数据分析、客户消费行为分析等
选取相应数据子集	**负责岗位**:订单专员 **工作内容**:根据分析要求,筛选相应的数据子集 **补充说明**:注意原数据的保护
数据清洗	**负责岗位**:订单专员 **工作内容**:对重复值、缺省值、不规范值、异常值进行标准化处理 **补充说明**:注意有效数据的保护,避免误操作
数据分析	**负责岗位**:订单专员 **工作内容**:通过分析工作,开展数据分析 **补充说明**:井然有序,避免出错
数据可视化	**负责岗位**:订单专员 **工作内容**:将各指标生成可视化图表 **补充说明**:为各图表添加题注
编辑分析报告	**负责岗位**:订单专员 **工作内容**:根据分析结果,撰写分析报告 **补充说明**:做好客户订单数据的保密工作
完毕	

扫描二维码,进入思政小课堂

扫描二维码,观看微课

扫描二维码,完成小测验

二、学习步骤

(一) 课前自主学习

1. 课前思

根据"思政小课堂"分析思考:客户购物数据有哪些用途?为何有买卖数据行为?买卖数据属于合法行为吗?如何避免此类现象的出现?

2. 课前学

观看任务微课,并完成小测验。相关理论知识见本教材的"必备知识"部分。

3. 课前做

分享你所掌握的 EXCEL 小技巧。EXCEL 工具常用小技巧练习:将身份证号转换为出生日期格式,将日期转换为星期,快速查找重复值,删除重复值,删除空白行,快速插入多行等等。

(二) 课中协作学习

1. 课中查

对课前学习任务的完成情况进行自查,根据学习不足之处,调整下一阶段的学习方法,制定新的学习策略,提升学习效果。

2. 课中练

第一步,组建团队,明确分工。一队一般有四到六人,模拟订单部职员,各队选队长一名,模拟订单主管,负责落实任务分工、监督任务实施、收发任务资料、汇报项目成果等;各队员模拟订单专员,对所给数据进行分析。

第二步,按照第一部分的工作流程图模拟实施任务。首先,确定"课前做"环节的任务已完成。其次,本次任务采取团队讨论与个人分析相结合的方式,各团队成员之间可以讨论大数据分析的技巧,但具体数据分析由各队员单独完成。最后,数据分析要求至少包含月消费客户数、月订单总额、月订单总数、客户月消费金额、客户月消费次数、累计客户消费金额、客户购买周期、复购率、回购率中的六个指标。过程中,如遇问题或有疑惑直接举手向教师求助。

第三步,各"订单专员"撰写《乐实农配公司订单数据分析》。

3. 课中评

各团队依次汇报成果,各"订单主管"简述部门"订单专员"数据分析情况,重点说明各"订单专员"数据分析结果。最后,教师对各队表现进行评价。

(三) 课后探究学习

根据专业理论知识的学习及实训练习,结合自身体会撰写有一定深度的学习感悟,就学到的知识及掌握的技能在未来职业中的应用或创新发表感悟,要求 50 字以上,请在课后三日内完成。

三、学习成果

<table>
<tr><td colspan="6" align="center">乐实农配公司订单数据分析报告</td></tr>
<tr><td>任务名称</td><td>订单大数据分析</td><td>实施方法</td><td>团队讨论＋独立分析</td><td>成果归属</td><td>个人</td></tr>
<tr><td>成果形式</td><td>分析报告</td><td>姓名</td><td></td><td>任务得分</td><td></td></tr>
<tr><td colspan="6">（一）客户消费趋势分析

</td></tr>
<tr><td colspan="6">（二）客户个体消费分析

</td></tr>
<tr><td colspan="6">（三）客户消费行为分析

</td></tr>
<tr><td colspan="6">（四）分析结果说明及建议

</td></tr>
</table>

第二部分　必备知识

一、订单数据分析的概念

订单数据分析是指用适当的统计分析方法对收集来的客户数据加以汇总和理解并消

化,以求最大化地开发数据的功能,发挥数据的作用。订单数据分析是为了在客户订单中提取有用信息和形成结论,而对数据加以详细研究和概括总结的过程。

在大数据时代,越来越多的企业家开始重视经营数据的重要性,数据就是财富,数据就是竞争力,对订单类数据进行分析可以了解公司各农产品的销售趋势、了解客户购买习惯,并根据订单数据分析的结果,调整公司经营策略,提高公司服务质量,从而推动公司稳步发展。

二、订单数据分析

(一)客户消费趋势分析

1. 月消费客户数

月消费客户数是指农产品配送公司某个月内有订单消费记录的客户数。月消费客户数表示公司活跃的客户数,反映的是农产品配送公司的客户规模。月消费客户数越多,表示公司的客户规模越大,进而表示该公司的市场占有率越大。在开展该指标分析时,一般有两种分析方式,一种是分析一年中各月份的活跃客户数,了解每个月活跃客户数的变化趋势;另一种是分析不同年份里某月的客户活跃数,了解其在不同年份里客户活跃数的变化趋势。在客户活跃数有下降趋势时,应及时研究对策。

2. 月订单总额

月订单总额是指农产品配送公司某个月内的所有有效客户订单金额之和。月订单总额表示公司某月农产品销售额,反映的是农产品配送公司客户的消费能力,一般为各客户订单金额之和。月订单总额越高,表示该公司客户消费能力越强,进而公司经营能力越强。在开展该指标分析时,一般有两种分析方式,一种是分析一年中各月的农产品订单销售额,了解每个月客户消费量的变化趋势;另一种是分析不同年份里某月的订单销售额变化,了解其在不同年份里客户消费量的变化趋势。用 a 表示客户某月在公司完成的订单总额,假设该月共有 n 个客户,则月订单总额公式如下:月订单总额 $= \sum_{k=1}^{n}(a_1 + a_2 + \cdots\cdots a_n)$。

3. 月订单总数

月订单总数是指农产品配送公司某个月内的所有有效客户订单数之和。月订单总数表示公司某月处理的客户订单总数,反映的是农产品配送公司客户的消费频率。一般为所有客户订单数之和。月订单总数越高,表示该公司客户消费频率越高,进而公司经营能力越强。在开展该指标分析时,一般有两种分析方式,一种是分析一年中各月的农产品订单数,了解各月份客户消费频率的变化趋势;另一种是分析不同年份里某月的客户订单数变化情况,了解其在不同年份里客户消费频率变化趋势。用 b 表示客户某月在公司完成的订单总数,假设该月共有 n 个客户,则该月订单总额公式如下:月订单总数 $= \sum_{k=1}^{n}(b_1 + b_2 + \cdots\cdots b_n)$。

(二)用户个体消费分析

1. 用户消费金额

用户消费金额是指某时段内,某客户在公司消费的农产品总额。用户消费金额反映的是公司客户的消费能力,用户消费金额越大,订单总额越大,代表该客户的质量越高,公司可根据客户年消费金额大小,将客户分为 VIP 客户、重点客户和一般客户,在后续制定销售政策时,可根据客户级别开展相应的销售活动。

2. 用户消费次数

用户消费次数是指某时段内,某客户在公司消费农产品的次数。用户消费次数反映的是客户购买频率,可显示出客户忠诚度,用户消费次数越多,代表该客户忠诚度越高。分析该指标可以了解客户一般何时购买、购买几次等消费习惯,以便于公司制定相应对策。

3. 用户消费金额累计百分比

用户消费金额累计百分比是指某时段内,某公司各客户消费金额占总消费额的累计百分比,反映的是客户层级分布问题。公司可以根据该累计百分比的大小对客户进行分级,依据分级结果,重点客户重点管理,一般客户一般管理。比如,2021 年 3 月份,公司农产品总消费额为 6 000 万,客户 A 三月份消费额为 300 万,客户 B 消费额为 600 万,客户 C 消费额为 900 万,客户 D 消费额为 1800 万,客户 E 消费额为 2400 万,将消费额从大到小排序,依次计算各客户消费金额占比及消费金额累计百分比,累计百分比小于或等于 70% 的划为金牌客户,累计百分比在 70%～90% 的划为银牌客户,累计百分比大于 90% 的划为铜牌客户。具体见表 2 - 26。

表 2 - 26　某公司客户分级表

客户名称	三月份消费额(万)	消费额占比	消费金额累计百分比	客户级别
E	2 400	40%	40%	金牌客户
D	1 800	30%	70%	金牌客户
C	900	15%	85%	银牌客户
B	600	10%	95%	铜牌客户
A	300	5%	100%	铜牌客户

(三) 用户消费行为分析

1. 用户购买周期

用户购买周期是指客户两次购买时间之间的间隔长度。如果客户在一天中发生多次购买,则只记为 1 次购买。用户购买周期反映的是客户购买农产品的时间跨度,因生鲜农产品属于生活必需品,一般每天都有消费需求,在保鲜设备的保护下,购买一次可以保存 4～5 天,所以,用户购买周期越短越好。举例,某客户在某月内购物 20 次,该客户的平均购买周期是 1.5 天,说明该客户是我们的重要客户,这类客户公司应重点关注,如某客户在某月内仅购物 1 次,说明该客户不是我们的常客,我们需要采取措施吸引这类客户成为我们的常客。

2. 用户生命周期

用户生命周期表示客户最后一次消费时间与第一次消费时间的间隔长度。用户生命周期是反映公司客户吸引力、生命力的指标,用户生命周期越长,说明客户的忠诚度越高,进而说明公司的经营管理能力越强。用户生命周期的计算是有条件的,只有某客户彻底停止购买公司农产品后,才能计算,如果客户一年内存在购买行为,即认为该客户为有效客户。

3. 复购率

复购率是指在某时段周期范围内,重复消费客户(消费两次及以上的用户)在总消费客户中所占的比例。重复消费用户的定义又分为两种:一种是按天非去重,即一个用户一天产生多笔付款交易,则算重复消费用户。举例,公司1月份总共有1000名消费客户,其中有400名客户存在两次及以上消费行为,则复购率为40％;另一种是按天去重,即一个用户一天产生多笔交易付款,只算一次消费,除非在统计周期内另外一天也有消费,才算重复消费用户。按天非去重,是目前商家统计复购率的常用计算方法,相对计算出来的重复购买率要高于第二种。复购率越高,表示客户忠诚度越高。

4. 回购率

回购率是指在某时段周期范围内有消费行为的客户,在下一时段周期范围内仍会消费的客户占比。举例,按月作为统计窗口,在1月份总共有1000名消费用户,其中有300名用户在2月份依然有消费,则回购率为30％。回购率越高,表示客户忠诚度越高。

第三部分　新概念、新技术、新标准

扫描二维码,
了解新概念、新技术、新标准

第四部分　拓展知识

扫描二维码,
学习更多知识

项目 3
农产品拣货管理

 项目概况

拣货作业是配送中心的核心环节,拣货作业的管理水平直接代表着公司的整体管理水平。乐实农配公司拣货主管郭建强历来重视拣货流程的优化与拣货效率的提升。目前乐实农配公司拣货作业分为摘果式和播种式两种形式,即有纯人工拣货,也有电子标签拣货,机器人拣货项目还在测试中。为彻底弄清不同拣货方式的利弊,郭主管想通过实战方式开展一次测试,针对同一批客户订单,分别运用人工摘果式拣货、人工播种式拣货、DPS拣货、DAS拣货四种拣货方式,欲通过本次测试掌握不同拣货方式的优缺点及应用情景。

 项目内容

项目任务	相关知识	新概念、新技术、新标准
3.1 摘果式拣货管理	摘果式拣货理论	新技术:第四代移动机器人
3.2 播种式拣货管理	播种式拣货理论	新技术:AI拣货
3.3 机器人拣货管理	机器人拣货理论	新技术:智能拣货机器人

 项目目标

(1) 知识目标:掌握人工摘果式拣货的原理及流程,熟悉 DPS 拣货的优缺点及应用;掌握人工播种式拣货的原理及流程,熟悉 DAS 拣货的优缺点及应用范围;熟悉常见的拣货机器人种类,掌握拣货机器人的应用场景。

(2) 技能目标:能根据拣货任务,选择合适的拣货方式,制定拣货方案并进行拣货。

(3) 价值目标:吃苦耐劳,乐观向上;脚踏实地,认真负责;崇高技术,勇于创新。

相关岗位

拣货主管

岗位职责：制定年度拣货工作计划，组织协调部门工作；督促岗位 KPI 达标；制定拣货专员岗位的绩效考核目标，定期跟进绩效；制定及优化拣货操作流程，并在各环节中敢于创新，提升拣货效率；执行农配中心安全管理制度，确保农产品、设施、人员的安全；开展经验交流及培训；实时监控现场情况，营造有序、规范的操作现场；合理排班，监督现场生产物料的使用。

任职资格：专科学历及以上，具备 3 年以上的相关工作经验，1 年以上的团队管理经验；具备一定的团队管理、组织协调能力，具备良好的判断和分析能力；熟练操作 OFFICE，ERP 等软件；身体健康，年龄原则上不超过 30 周岁，条件优秀者可放宽至 35 周岁。

职业发展：拣货主管一般是自拣货专员晋升上来的，其职业发展方向为配送经理、客服经理、仓储经理。成为配送经理，需要更加丰富的专业知识，更强大的沟通能力、组织协调力等素质。

薪资待遇：拣货主管的薪酬一般在 0.8 万～1.5 万每月，具体待遇因公司发展现状不同而相差较大。

拣货专员

岗位职责：根据订单部发来的"拣货单"，将农产品从配送中心分拣出来，放置在指定发货位置；按照工作标准手册进行拣货，爱护农产品，杜绝野蛮操作；定期做好拣货总结和报告；正确使用拣货设备，当拣货设备出现问题时及时向维修人员报告；做好拣货设备的定期检查和维护；配合仓储专员做好正常货件和问题货件的登记和存放工作。

任职资格：中专或高中以上学历；具备 1 年以上的相关工作经验；具备拣货的基本知识以及技能，熟悉仓库拣货的基本原则、拣货方法以及工作流程；具备良好的沟通能力；学习能力强；工作认真、细致，具有工作责任心。

职业发展：拣货专员一般是以校园招聘或社会招聘为主，其职业发展方向为拣货主管。

薪资待遇：拣货专员薪酬一般在 0.8 万～1.2 万每月，具体待遇因公司发展现状不同而相差较大。

智慧专员

岗位职责：智慧专员为新兴岗位，主要负责智慧设备的使用与管理。将客户订单对接到智慧拣货系统；机器人拣货完毕后，负责将货物按照客户订单信息组配打包；负责拣货机器人的日常维护；如遇严重故障及时联系厂家维修；关注新技术、新设备的发展动态，积极参加物流设施设备展会，向主管汇报交流技术发展情况。

任职资格：中专或高中以上学历；具备 1 年以上的相关工作经验；对信息技术设备有浓厚兴趣，熟悉仓库拣货的基本原则、拣货方法以及工作流程；具备良好的沟通能力；学习能力强；工作认真、细致，具有工作责任心。

职业发展：智慧专员一般是以校园招聘或社会招聘为主，其职业发展方向为拣货主管。

薪资待遇：智慧专员薪酬一般在 0.8 万～1.2 万每月，具体待遇因公司发展现状不同而相差较大。

（备注：以上表格内容为在前程无忧网搜集、整理后的信息，仅供参考。整理时间：2021 年 12 月。）

任务 3.1　摘果式拣货管理

任务描述

临近中秋节,乐实农配公司的果蔬礼盒较为畅销,2021 年 9 月 16 日,公司接到 260 份集团客户订单和 5 份个人客户订单。其中,5 份个人客户订单内容如下表:

表 3-1　订单内容

客户 A 订单内容	客户 B 订单内容	客户 C 订单内容	客户 D 订单内容	客户 E 订单内容
有机水蜜桃 2 个 有机水晶梨 4 个 有机黄桃 2 个 有机土豆 2 个 有机黄瓜 1 只 有机青菜 1 包	有机水蜜桃 3 个 有机水晶梨 1 个 有机黄桃 4 个 有机土豆 2 个 有机黄瓜 2 只 有机青菜 2 包	有机水蜜桃 1 个 有机水晶梨 2 个 有机黄桃 3 个 有机土豆 4 个 有机黄瓜 1 只 有机青菜 1 包	有机水蜜桃 2 个 有机水晶梨 1 个 有机黄桃 3 个 有机土豆 3 个 有机黄瓜 2 只 有机青菜 1 包	有机水蜜桃 1 个 有机水晶梨 3 个 有机黄桃 4 个 有机土豆 2 个 有机黄瓜 1 只 有机青菜 2 包

请根据以上资料,以团队为单位,分别采取人工摘果式拣货和 DPS 摘果式拣货,完成以上 5 份个人客户订单的拣货任务。

任务目标

知识目标:掌握常见的拣货方式,掌握人工摘果式拣货的原理及流程,熟悉 DPS 拣货的优缺点,熟悉其他各类摘果式拣货方式;

技能目标:能根据拣货任务,制定摘果式拣货方案并进行拣货;

价值目标:具备“吃苦耐劳、乐观向上”的职业素养。

成果要求

摘果式拣货技能等第水平合格及以上。

建议学时

3 学时,其中线上 1 学时,线下 2 学时。

第一部分　任务实施

一、人工摘果式拣货工作流程

作业名称	人工摘果式拣货	职能	拣货管理
作业部门	拣货部	涉及部门	无
目的	规范拣货作业流程,提高拣货效率		

<table>
<tr><td colspan="2" align="center">操 作 规 范</td></tr>
<tr><td align="center">工作流程图</td><td align="center">操作说明</td></tr>
<tr>
<td>

拣货部接到拣货任务

↓

核实拣货单信息

↓

确定库存是否充足 —否→ 进行补货

是 ↓

凭单沿线拣货

否 ↓

复核是否有误 —是→ 按照问题整改拣货结果

否 ↓

集装待运

↓

完毕

</td>
<td>

负责岗位:拣货专员
时间节点:随时
涉及表单:拣货单

负责岗位:拣货专员
时间节点:接拣货单后即时
工作内容:核实拣货时间、货物、库房等信息

负责岗位:拣货专员
时间节点:拣货信息核实以后
工作内容:确认拣货区库存是否充足,如不充足,从存储区补货至拣货区,签字确认

负责岗位:拣货专员
时间节点:补货之后
工作内容:拣货员凭拣货单沿线拣货,要求头脑清醒,不多拣、不漏拣,签字确认

负责岗位:复核员(拣货主管)
时间节点:拣货完毕后
工作内容:凭拣货单对拣货农产品进行逐一核对,发现问题,及时整改,无误移至待运区,签字确认

负责岗位:拣货主管
时间节点:复核无误后
工作内容:等待配送专员装车配送

</td>
</tr>
</table>

二、DPS 摘果式拣货工作流程

作业名称	DPS 摘果式拣货	职 能	拣货管理
作业部门	拣货部	涉及部门	无
目的	规范拣货作业流程,提高拣货效率		

操 作 规 范	
工作流程图	操作说明
拣货部接到拣货任务	**负责岗位**:拣货专员 **时间节点**:随时 **涉及表单**:拣货单
将拣货单据贴周转筐	**负责岗位**:拣货专员 **时间节点**:接拣货单后即时 **工作内容**:将单据粘贴在周转筐侧面
核对电子显示屏信息是否有误 → 是 → 核实问题进行纠正	**负责岗位**:拣货专员 **时间节点**:单据贴筐后 **工作内容**:核对电子显示屏单据信息是否与贴筐单据信息一致,如有问题,及时更改
否 ↓ 凭货位电子标签数据沿线拣货	**负责岗位**:拣货专员 **时间节点**:核对单据无误后 **工作内容**:拣货员凭电子标签数据沿线拣货,要求头脑清醒,不多拣、不漏拣
复核是否有误 → 是 → 按照问题整改拣货结果	**负责岗位**:复核员(拣货主管) **时间节点**:拣货完毕后 **工作内容**:凭拣货单据内容对拣货农产品逐一核对,发现问题,及时整改,无误移至待运区
否 ↓ 集装待运	**负责岗位**:拣货主管 **时间节点**:复核无误后 **工作内容**:等待配送专员装车配送
↓ 完毕	

三、学习步骤

(一) 课前自主学习

1. 课前思

根据"思政小课堂"分析思考:王明的做法傻吗?易佳公司为何聘王明为

扫描二维码,进入思政小课堂

扫描二维码，
观看微课视频

扫描二维码，
完成小测验

开发顾问？什么是匠人？王明可以称为匠人吗？

2. 课前学

观看任务微课，并完成小测验。相关理论知识见本教材的"必备知识"部分。

3. 课前做

请描述采摘水果的过程。你有采摘水果的经历吗？水果采摘一般用到哪些工具？请描述水果采摘的过程。如条件允许，可前往附近水果园体验采摘水果。

（二）课中协作学习

1. 课中查

对课前学习任务的完成情况进行自查，根据学习不足之处，调整下一阶段的学习方法，制定新的学习策略，提升学习效果。

2. 课中练

第一步，组建团队，明确分工。组建后勤团队，选五位同学为拣货现场的工作人员，服务拣货现场，负责场地布置、现场监查、计时拍照和拣货后的农产品复位等工作。组建拣货团队，一队一般有四到六人，模拟拣货部职员，各队选队长一名，模拟拣货主管，负责落实任务分工、监督任务实施、收发任务资料、汇报项目成果等；各队员模拟拣货专员，根据指定《拣货单》内容，制定拣货策略进行拣货。

第二步，按照第一部分的操作规范图模拟实施任务。首先，确定"课前做"环节的任务已完成。其次，本次任务采取团队拣货大赛形式进行，团队与团队之间的拣货任务完全相同。再次，各团队讨论摘果式拣货的技巧及流程，制定拣货策略，完成拣货任务。然后，团队之间进行精确性、拣货熟练度的评比。过程中，如遇问题或疑惑直接举手向教师求助。最后，班级部分团队开展人工摘果式拣货，部分团队开展 DPS 拣货，拣货完毕后对两种方式的效率进行比较。

3. 课中评

各团队依次汇报拣货体会，分享拣货中的技巧和不足，分析两种拣货方式的利弊。最后教师对各队表现进行点评。

（三）课后探究学习

根据专业理论知识的学习及实训练习，撰写有一定深度的学习感悟，就学到的知识及掌握的技能在未来职业中的应用或创新发表感悟，要求 50 字以上，请在课后三日内完成。

四、学习成果

摘果式拣货技能等第评价水平—设计技能评价单					
任务名称	摘果式拣货管理	实施方法	技能比拼	成果归属	团队
成果形式	技能操作	团队成员		等第水平	
(一) 我的分工(你的姓名,你分到的是人工摘果式拣货还是 DPS 摘果式拣货,请说出你的拣货任务。)					
(二) 我的贡献(你本次拣货的用时、出现的差错;你们团队拣货总计用时,平均每人用时。)					
(三) 我的体会(请分享你本次拣货的体会,发现的问题,及改进意见。)					

第二部分 必备知识

扫描二维码,
看视频、学知识

一、人工摘果式拣货

(一) 人工摘果式拣货概述

1. 人工摘果式拣货的概念

针对每一份订单(即每个客户)开展拣选作业,拣货人员巡回于各个货物储位,将所需的货物取出,因形似摘果,所以称为摘果式拣货,也称订单别拣货。

2. 人工摘果式拣货的优缺点

1）优点

首先,人工摘果式拣货操作方法简单,主要为人工操作,拣货专员不需要太多技能培训,按照拣货单内容实施拣货就可以;其次,因每次拣货仅完成一份客户订单,无需为积累而等待其他客户订单,所以延迟时间短,订单一旦确认,马上就可进行拣货;再次,每份客户订单的拣货负责人明确,拣货人员责任较为清楚,易于评估,出现问题后容易追踪;最后,拣货后不用再进行分类作业,流程简单。

2）缺点

首先,单个客户订单货品品类较多时,拣货行走路径较长,拣货效率降低;其次,拣货区域较大时,搬运困难,拣货人员劳动强度较大。

3. 人工摘果式拣货的几种方法

1）单人拣取

单人拣取时一张订单可以由一个人从头到尾负责到底,此种拣货方式的拣货单,只需将订单资料转为拣货需求资料即可。

2）分区接力拣取

将存储区或拣货区划分成几个区域,一张订单由各区人员采取前后接力方式合力完成。

3）分区汇总拣取

将存储区或拣货区划分成几个区域,将一张订单拆成各区域所需的拣货单,再将各区域所拣取的商品汇集一起。

（二）人工摘果式拣货的原理

人工摘果式拣货是针对每一张订单,由拣货人员完全用人工方式,根据拣货单上的货品信息,到相应的存储位置将货品逐一拣取的过程。

例如,配送中心收到某客户订单内容为:A 货物 10 件,B 货物 5 件,C 货物 18 件,D 货物 15 件。因客户订单农产品品类不多,且各品类货物存储货位较近,订单组拟选择人工摘果式拣货方式拣货。图 3-1 为人工摘果式拣货操作原理图,在农产品拣货区,从左到右依次存放着 A 货物、B 货物、C 货物、D 货物,拣货人员携拣货单从左到右依次拣货,到达 A 货物时拣货 10 件,到达 B 货物时拣货 5 件,到达 C 货物时拣货 18 件,到达 D 货物时拣货 15 件,拣货完毕。

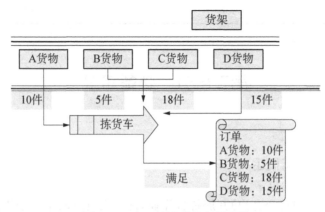

图 3-1 人工摘果式拣货原理图

（三）人工摘果式拣货的流程

第一步，补货，从仓储区向拆零拣选区送货，并且逐个货位放上货架。配送中心一般有存储区和拣货区，有些配送中心将存储区和拣货区设置在不同货架，有些配送中心将存储区和拣货区设置在同一货架的上下，一般将拣货区设置在货架的第一层，随着拣货区农产品的减少，直接将上层的农产品移至下面的拣货区即可，这就是补货作业。在开展人工摘果式拣货时，一般先根据拣货区的库存情况开展补货作业，以保证拣货作业的顺利进行。

第二步，沿线拣选，周转箱沿着分拣流水线移动，分拣人员从货架上取货，放入周转箱。沿线拣选是人工摘果式拣货的主要工作内容，拣货人员按照拣货单指定的拣货顺序，沿线拣选，拣货过程中，务必认真负责，严格按照拣货单信息，做到不漏拣、不多拣、不错拣。在将农产品放入周转箱的过程中，拣货人员应做到轻拿轻放，最大程度保护农产品的质量。

图 3-2　沿线拣选

第三步，复核装箱，对已经装入周转箱的货物进行核对（品种、数量等），有时还需要换箱装货。为保证拣货农产品的正确率，沿线拣选完毕之后，还需要复核人员对已拣农产品进行复核。复核工作同样需要细心仔细，复核无误后在拣货单上签字，如有问题需将问题反馈给拣货组主管。

第四步，集货待运，把已经复核装箱完毕的货箱送到发货区，等待运出。集装待运为拣货作业的最后环节，复核无误后，由拣货人员将拣货农产品以客户为单位放至发货区，等待调度组装车发货。

（四）人工摘果式拣货的适用范围

首先，因人工摘果式拣货可以随时开展，如果配送中心的客户不稳定，客户下单时间波动较大，比较适合采用这种拣货方式。其次，因本拣货方式为人工，体力消耗较大，所以，在配送中心客户需求农产品的种类不多，而单个品类的数量需求较多的情况下，拣货行走路径不长，比较适合人工摘果式拣货。最后，如果配送中心的客户之间需求差异较大，配送时间要求不一，这种情况下也比较适合采用人工摘果式拣货。

二、DPS 拣货

图 3-3　DPS 拣货

（一）DPS 拣货概述

1. DPS 拣货的概念

DPS（Digital Picking System，以下简称 DPS）即摘取式电子标签拣货系统，把电子标签安装在货物储位上，原则上一个储位内放置一种货品，即一个电子标签对应一个货品，并且以一张订单为处理单位，订单中所需商品对应的电子灯会亮起，拣货人员依照灯号与数字的显示将货品从货架上取出，这就是摘取式拣货系统。此种拣货属于订单别拣取方

式,大多应用于配送对象多但商品储位固定、不经常移动的情况。

2. DPS 的优缺点

1) 优点

由于 DPS 在设计时合理安排了拣货人员的行走路线,减少了拣货人员无谓的走动,拣货人员无需费时去寻找库位和核对商品,只需核对拣货数量,因此在提高拣货速度、准确率的同时,还降低了人员劳动强度。DPS 系统还实现了用电脑进行实时现场监控,具有紧急订单处理和缺货通知等各项功能。

2) 缺点

DPS 一般要求每一品种均配置电子标签,对很多企业来说,投资较大。对资金实力较弱的公司,可采用以下两种方式来降低系统投资。一种是采用可多屏显示的电子标签,用一只电子标签实现多个货品的指示;另一种是采用 DPS 加人工拣货的方式,对出库频率最高的 20%～30%产品(约占出库量 50%～80%),采用 DPS 方式以提高拣货效率;对其他出库频率不高的产品,仍使用纸张的拣货单。这两种方式的结合在确保拣货效率提高的同时,可有效节省投资。

(二) DPS 的功能

1. 拣货资料的接受和传送功能

电子辅助拣货系统可以载入客户 MIS、ERP 或 WMS 系统中的订货单并转换成拣货单,并将需拣的内容自动在货架上显示出来。在完成某订单的拣货工作后,电子辅助拣货系统会将现场的拣货信息送至客户的 MIS、ERP 或 WMS 系统中。

2. 拣货资料即时监控功能

管理人员可以实时掌握现场的拣货作业状态。

3. 硬件的自我检测功能

电子辅助系统可以对硬件设备进行检测,能够自动侦测出有故障的硬件设备,以确保系统的正常运行并方便维修。

4. 跳跃式拣货功能

进行拣货作业时,系统会自动指示拣货人员的行走路线,跳过无货需拣的区段直接前往有货区段以缩短拣货行走路线、加快订单的流转速度。

5. 提早离开功能

当订单需拣项已全部拣完,系统会指示拣货人员此单作业完毕,无须再绕行所有的区段,可以提早离开作业现场继续处理下一张订单。这样不但可以缩短行走路径,还可以加快订单处理速度。

6. 紧急插单功能

在既定的订单作业排序之内,可以根据情况需要调整订单处理的顺序,把排在后面的订单提前处理,以应付紧急事件。

7. 缺货通知功能

若在拣货时发现货品数量不足或处于完全缺货状态,为了使拣货工作不受影响,拣货人员可以按下电子标签上的缺货键,直接通知补货人员进行补货作业。

8. 货号与标签对应维护功能

为了让使用者在货品储位更改或新旧货品替换时易于修改对应的系统档案,电子辅助拣货系统提供一种简单的文书编辑软件,使用者可以方便地进行编辑或修改文档。如初次建立系统或大规模移动储位时,提供使用者快速设定功能,可以直接在电子标签上输入、设定系统对应的档案。

9. 查询功能

系统提供各种查询功能,包括查询拣货通道或拣货区段内的作业情况、订单处理情况、缺货情况等,据此管理人员可以方便、及时地了解现场的作业状况。

(三) DPS 的应用范围

电子标签应用于物流业,能有效提高货物分拣效率,DPS 系统多适应于单次出库量小且出库频率高的货物,尤其在零散货物分拣配送中具有其他分拣方式不可比拟的优点,在商业连锁、医药产品、电子装配、冷冻制品、音像制品等行业中有广泛的应用前景。

第三部分　新概念、新技术、新标准

扫描二维码,
了解新概念、
新技术、新标准

第四部分　拓展知识

扫描二维码,
学习更多知识

任务 3.2　播种式拣货管理

任务描述

临近中秋节,乐实农配公司果蔬礼盒较为畅销。2021 年 9 月 16 日,公司接到 260 份集团客户订单和五份个人客户订单。其中,五份个人客户订单内容如下表:

表 3-2　订单内容

客户 A 订单内容	客户 B 订单内容	客户 C 订单内容	客户 D 订单内容	客户 E 订单内容
有机水蜜桃 2 个	有机水蜜桃 3 个	有机水蜜桃 1 个	有机水蜜桃 2 个	有机水蜜桃 1 个
有机水晶梨 4 个	有机水晶梨 1 个	有机水晶梨 2 个	有机水晶梨 1 个	有机水晶梨 3 个
有机黄桃 2 个	有机黄桃 4 个	有机黄桃 3 个	有机黄桃 3 个	有机黄桃 4 个
有机土豆 2 个	有机土豆 2 个	有机土豆 4 个	有机土豆 3 个	有机土豆 2 个
有机黄瓜 1 只	有机黄瓜 2 只	有机黄瓜 1 只	有机黄瓜 2 只	有机黄瓜 1 只
有机青菜 1 包	有机青菜 2 包	有机青菜 1 包	有机青菜 1 包	有机青菜 2 包

请根据以上资料,以团队为单位,分别采取人工播种式拣货和 DAS 播种式拣货,完成以上五份个人客户订单的拣货任务。

任务目标

知识目标:掌握人工播种式拣货的原理及流程,熟悉 DAS 拣货的优缺点,掌握摘果式拣货与播种式拣货的特点及应用范围;

技能目标:能根据拣货任务,制定播种式拣货方案并进行拣货;

价值目标:具备"脚踏实地、认真负责"的职业素养。

成果要求

播种式拣货技能等第水平评定结果合格水平及以上。

建议学时

3 学时,其中线上 1 学时,线下 2 学时。

第一部分 任务实施

一、人工播种式拣货工作流程

作业名称	人工播种式拣货	职能	拣货管理
作业部门	拣货部	涉及部门	无
目的	规范拣货作业流程,提高拣货效率		
操 作 规 范			
工作流程图	操作说明		

<table>
<tr><td>拣货部接到拣货任务
↓
核对拣货单信息
↓
汇总拣货（存储区）
↓
凭单沿线分货（播种区）
↓
集装待运
↓
完毕</td><td>

负责岗位：拣货专员
时间节点：随时
涉及表单：批次拣货单、客户拣货单

负责岗位：拣货专员
时间节点：接拣货单据后即时
工作内容：核对批次拣货单与客户拣货单

负责岗位：拣货专员
时间节点：拣货单据核对以后
工作内容：根据批次拣货单在仓储区开展汇总拣货，移至分货区，签字确认

负责岗位：拣货专员
时间节点：汇总拣货之后
工作内容：拣货员在分货区，凭客户拣货单沿线分货，要求头脑清醒，不多分、不漏分。分货完毕后，若抽查复核无误，移至待运区，签字确认

负责岗位：拣货主管
时间节点：分货完毕后
工作内容：等待配送专员装车配送

</td></tr>
</table>

二、DAS 播种式拣货工作流程

作业名称	DAS播种式拣货	职能	拣货管理
作业部门	拣货部	涉及部门	无
目的	规范拣货作业流程,提高拣货效率		

<table>
<tr><td colspan="2" align="center">操 作 规 范</td></tr>
<tr><td align="center">工作流程图</td><td align="center">操作说明</td></tr>
<tr>
<td>

拣货部接到拣货任务

↓

核实拣货单信息

↓

汇总拣货（存储区）

↓

核对电子屏显示信息是否有误 → 核实问题进行纠正

↓

沿线分货（播种区）

↓

集装待运

↓

完毕

</td>
<td>

负责岗位: 拣货专员
时间节点: 随时
涉及表单: 批次拣货单、各客户拣货单

负责岗位: 拣货专员
时间节点: 接拣货单据后即时
工作内容: 核对批次拣货单与客户拣货单,客户拣货信息贴至播种区相应货位

负责岗位: 拣货专员
时间节点: 拣货单据核对以后
工作内容: 根据批次拣货单在仓储区开展汇总拣货,移至分货区,签字确认

负责岗位: 拣货专员
时间节点: 汇总拣货之后
工作内容: 核对电子显示屏农产品信息是否与播种农产品一致,如有问题,及时更改

负责岗位: 拣货专员
时间节点: 核实无误后
工作内容: 按电子标签显示数字进行沿线分货,每次播种一种农产品,一种完毕后,更新显示屏信息,再播种下一种农产品。分货完毕后,若抽查复核无误,签字确认

负责岗位: 拣货主管
时间节点: 分货完毕后
工作内容: 等待配送专员装车配送

</td>
</tr>
</table>

三、学习步骤

（一）课前自主学习

1. 课前思

根据"思政小课堂"分析思考：拣货时拣错商品有哪些后果？如何做一个合格的拣货员？

2. 课前学

观看任务微课，并完成小测验。相关理论知识见本教材"必备知识"部分。

3. 课前做

请描述新学期班级领书、发书的过程。从小学开始，每学期开学的第一件事就是领新书了，请回忆班级领教材及发教材的过程，如何及时领到班级的教材，领到班级教材后如何快速准确地发给每一个学生？请描述过程并提出合理化建议。

扫描二维码，进入思政小课堂

扫描二维码，观看微课

扫描二维码，完成小测验

（二）课中协作学习

1. 课中查

对课前学习任务的完成情况进行自查，根据学习不足之处，调整下一阶段的学习方法，制定新的学习策略，提升学习效果。

2. 课中练

第一步，组建团队，明确分工。组建后勤团队，选五位同学为拣货现场的工作人员，服务拣货现场，负责场地布置、现场监查、计时拍照和拣货后的农产品复位等工作。组建拣货团队，一队一般有四到六人，模拟拣货部职员，各队选队长一名，模拟拣货主管，负责落实任务分工、监督任务实施、收发任务资料、汇报项目成果等；各队员模拟拣货专员，根据指定拣货单内容，制定拣货策略并进行拣货。

第二步，按照第一部分的工作流程图模拟实施任务。

首先，确定"课前做"环节的任务已完成。其次，本次任务采取团队拣货大赛形式进行，团队与团队之间的拣货任务完全相同。再次，各团队讨论播种式拣货技巧及流程，制定拣货策略，完成拣货任务。然后，团队之间进行精确性、拣货熟练度的评比。过程中，如遇问题或有疑惑直接举手向教师求助。最后，班级部分团队开展人工播种式拣货，部分团队开展 DAS 拣货，拣货完毕后对两种方式的效率进行比较。

3. 课中评

各团队依次汇报拣货体会，分享拣货中的技巧和不足，分析两种拣货方式的利弊。最后，教师对各队表现进行评价。

（三）课后探究学习

根据专业理论知识的学习及实训练习，结合自身体会撰写有一定深度的学习感悟，就学到的知识及掌握的技能在未来职业中的应用或创新发表感悟，要求 50 字以上，请在课后三日内完成。

四、学习成果

播种式拣货技能等第评价水平—设计技能评价单					
任务名称	播种式拣货管理	实施方法	技能比拼	成果归属	团队
成果形式	技能操作	团队成员		等第水平	

（一）我的分工（你的姓名，你分到的是人工播种式拣货还是 DAS 播种式拣货，请说出你的拣货任务。）

（二）我的贡献（你本次拣货的用时、出现的差错；你们团队拣货总计用时，平均每人用时。）

（三）我的体会（请分享你本次拣货的体会，发现的问题，及改进意见。）

扫描二维码，
看视频、学知识

第二部分 必备知识

一、人工播种式拣货

（一）人工播种式拣货概述

1. 人工播种式拣货的概念

人工播种式分拣是把多份客户订单（多个客户的要货需求）集合成一批，先由人工把其中每种农产品的数量分别汇总，再由人工逐个品种地对所有客户进行分货，因形似播种，所以称其为"人工播种式拣货"。

2. 人工播种式拣货的优缺点

1）优点

首先，当配送中心的订单数量庞大时，可以显著提高工作效率，因为是批次拣货，每次拣货能完成一批客户的订单。其次，批次拣货每次完成多份客户订单，缩短了拣选货品时行走搬运的距离。最后，批次拣货增加了单位时间的拣选数量。

2）缺点

首先，人工播种式拣货需要一定的等待时间，待订单积累到一定数量后才能进行统一处理，对单一订单无法进行操作，如果公司客户下单时间较为分散，碰到紧急订单时就比较麻烦。其次，每次拣货批量较大，人工拣货时，既要在仓储区汇总拣货，还要在拆零区沿线分货，劳力消耗较大，并且因人员较多、环节多，责任追究起来不够明确。最后，播种式拣货计划性较强，规划难度较大，所以容易发生错误，需要订单组较强的管理协调能力。

3. 人工播种式拣货的分批方式

1）按拣货单位分批

按拣货单位分批是指在实施播种式拣货时，将同一种拣货单位的品种汇总处理。比如，将拣货单位都是"框"的订单汇总在一起，作为一个批次开展拣货。

2）按配送区域/路径分批

按配送区域/路径分批是指在实施播种式拣货时，将同一配送区域/路径的客户订单汇总处理。比如，将浦东新区陆家嘴区域的客户订单汇总在一起，作为一批次开展拣货。

3）按流通加工需求分批

按流通加工需求分批是指在实施播种式拣货时，将流通加工需求相同的订单汇总处理。比如，将需要做统一规格的西瓜礼品包装的客户订单汇总在 起，作为一批次开展拣货。

4）按车辆需求分批

按车辆需求分批是指在实施播种式拣货时，如果订单中的农产品需相同的配送温度，即适合装载在同一部冷藏车的订单汇总在一起，作为一批次进行处理。比如，7 位客户订购的农产品均需要在 0℃左右的环境下配送，那么，我们可以将这 7 位客户的订单作为一批次开展拣货。

（二）人工播种式拣货的原理

把一定时间段里多张订单集合成一批，依照货品种类将货品数量汇总，全部由人工按货品进行拣选,然后再根据每张客户订单进行分货处理的过程。

例如,配送中心将4位客户订单作为一批次开展人工播种式拣货:订单1中有A农产品12件,订单2中有A农产品18件,订单3中有A农产品20件,订单4中有A农产品15件。图3-4为人工播种式拣货操作原理图,在农产品拣货区,从左到右的货位依次代表客户1、客户2、客户3、客户4,拣货人员携拣货单从左到右依次分货,先分货A农产品,到达客户1时分货A农产品12件,到达客户2时分货A农产品18件,到达客户3时分货A农产品20件,到达客户4时分货A农产品15件,A农产品分货完毕。

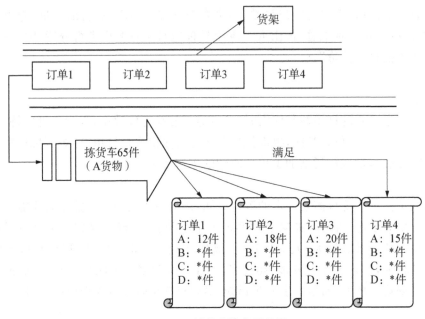

图3-4 播种式拣货原理图

(三) 人工播种式拣货的流程

第一步,汇总拣货,从仓储区将该批次所需货物全部拣出,送到拆零分拣区,逐个放到分拣线上。因为人工播种式拣货为批次拣货,每次拣货涉及多家客户订单需求,拣货的每一种农产品的量都较大,所以,这一步骤是在配送中心的仓储区开展的,一般每次完成一种农产品的拣货任务,同样要求拣货人员轻拿轻放、不漏拣、不多拣、不错拣。

第二步,沿线分货(含复核装箱)。汇总拣货完毕的农产品通过叉车转运至拆零拣选区,拆零拣选区的货位代表的不再是农产品,而是各客户,拣货人员根据客户订单沿线分货,可以说,这时的拣货员更应该称为"分货员",沿线一次完成一个品类农产品的分货作业,直至完成订单上的所有农产品分货。沿线分货过程中,因各客户的农产品品类数并不相同,所以,分货完成的时间有先后,对于先完成分货的客户,先进行复核,完成一个客户,复核一个客户,这一工作也称间歇性复核。

第三步,集货待运。把已经复核装箱完毕的货箱送到发货区,等待运出。集装待运为拣货作业的最后环节,复核无误后,由拣货人员将拣货农产品以客户为单位放至发货区,等待调度组装车发货。

（四）人工播种式拣货的适用范围

首先,客户稳定且客户数量较多的配送中心较适合人工播种式拣货,因为播种式拣货需要一定的订单数量,客户较少不容易形成规模,客户不稳定不利于沿线分货的顺利进行。其次,配送中心客户下单时间相对集中的情况下适合选择这种拣货方式,下单时间越是集中,成批时间越短,等待时间越少,拣货效率越高。再次,如果配送中心客户需求农产品种类较多,且单个品类的需求不多,这种情况适合选择播种式拣货。最后配送中心客户要求的送达时间相对集中时,适合选择播种式拣货。

二、DAS 拣货

（一）概念

DAS(Digital Assorting System,以下简称 DAS)即播种式电子标签分拣系统,是利用电子标签实现播种式分货出库的系统。DAS 中的每一个电子标签所代表的是一个订货厂商或是一个配送对象,即一个电子标签代表一张订货单。工作人员汇集多家订货单位的多张订货单,把多张订单集合成一批次,按货品进行分类,依照货品为处理单位,将某货品数量加总后再进行拣取。拣货人员先取出某一货品的应配总数,之后依客户订单分别作分配处理,需配此项货品的订货单位所对应的电子标签亮起,拣货人员依电子标签上显示的数量对此项货品进行配货,再依次完成其他货品。此种方式即为播种式系统,属于批量拣取(BatchPicking)。

（二）DAS 的功能

播种式电子辅助拣货系统的软件功能与摘取式的系统相同,同样具备了拣货资料的接收传送、拣货资料的即时监控、硬件自我检测、标签的对应维护、查询作业与报表作业等功能,另外还增加了下列功能:

1. 批次分割处理功能

系统能提供几种方式让使用者选择批次分割的方式与内容,弹性调整配货顺序与流程。

2. 缺货处理功能

在配货时若发生应配数量与实配数量不相符的情况,系统提供修改配货数量的功能,使实际配货数量与应配数量能相符。

3. 架位对照表的维护

由于每一批分割的客户可能不相同,为了让使用者了解每次的架位对照的内容,使用者可以打印出每一批次的架位对照内容。系统提供一个简单的编辑器,供修改与查询用。

4. 回收作业模式

已配出的货品若需回收,可以使用系统的回收模式重新点亮电子标签,依标签指示回收该项产品。

（三）DAS 的应用范围

DAS 系统通常在配送对象固定、订单商品种类多、商品的相似性大、商品储位经常移动的情况中使用。无论是 DPS 还是 DAS,都具有极高的效率。据统计,采用电子标签拣货系统可使拣货速度至少提高 1 倍,准确率提高 10 倍。

第三部分　新概念、新技术、新标准

扫描二维码，
了解新概念、
新技术、新标准

第四部分　拓展知识

扫描二维码，
学习更多知识

任务3.3　机器人拣货管理

任务描述

随着人工智能、5G、物联网等先进技术的推广和应用,人类的发展逐步进入智慧时代,物联网、云技术、机器人等已进入物流领域并投入使用。新时代物流专业的大学生,生在智慧时代,应拥抱智慧技术,熟悉物流领域的先进设备,知晓各设备的特点及应用范围。目前,乐实农配公司配送中心已配备了拣货机器人等智能化设备。

请根据乐实农配公司现状,为公司制定《机器人拣货作业指南》。

任务目标

知识目标:熟悉常见的拣货机器人种类,掌握拣货机器人的应用场景;

技能目标:能根据拣货任务,制定机器人拣货方案并进行拣货;

价值目标:具备"崇尚技术、勇于创新"的职业素养。

成果要求

《机器人拣货作业指南》。

建议学时

3学时,其中线上1学时,线下2学时。

第一部分　任务实施

一、工作流程

作业名称	机器人拣货管理	职能	智慧设备管理
作业部门	拣货部	涉及部门	无
目的	规范机器人拣货流程,提升拣货效率		

操 作 规 范	
工作流程图	操作说明

工作流程图	操作说明
拣货部接到拣货任务	**负责岗位**:智慧专员 **时间节点**:随时 **涉及表单**:客户订单
将拣货信息输入智慧拣货系统	**负责岗位**:智慧专员 **时间节点**:接任务后即时 **工作内容**:将客户订单信息录入智慧拣货系统
启动机器人拣货	**负责岗位**:智慧专员 **时间节点**:信息录入后 **工作内容**:机器人拣货,智慧设备专员监控
机器人拣货是否异常　是→查找问题解决异常	**负责岗位**:智慧专员 **时间节点**:实时监控 **工作内容**:如遇异常,查找问题,解决异常;如不能解决,联系厂家
否↓ 人工组配并贴单(组配区)	**负责岗位**:智慧专员 **时间节点**:机器人将货物移至组配区后 **工作内容**:将同一订单的农产品组配在一起,做好标记,张贴单据信息
集装待运	**负责岗位**:智慧专员 **时间节点**:拣货完毕后 **工作内容**:等待配送专员装车配送
完毕	

二、学习步骤

(一) 课前自主学习

1. 课前思

请根据"思政小课堂"分析思考：分拣机器人消灭了拣货员岗位的同时，为我们带来了什么？在大数据智慧时代，作为从事农产品配送工作的我们，应做些什么？

扫描二维码，进入思政小课堂

2. 课前学

观看任务微课，并完成小测验。相关理论知识见本教材"必备知识"部分。

3. 课前做

通过查阅资料、观看视频或者参加物流设备展会等，了解拣货技术的发展与应用，举例说出拣货领域最先进的技术或设备，要求至少三个，说明设备名称、附相关图片并说出其应用场景。

扫描二维码，观看微课

(二) 课中协作学习

1. 课中查

对课前学习任务的完成情况进行自查，根据学习不足之处，调整下一阶段的学习方法，制定新的学习策略，提升学习效果。

扫描二维码，完成小测验

2. 课中练

第一步，参观调研，了解机器人拣货现状。根据实训安排，在实训室观看机器人拣货操作，如实训室不具备条件，也可前往附近企业参观学习，或参加物流设备展会，或通过网络调研形式，了解拣货机器人的应用。

第二步，组建团队，明确分工。一队一般有四到六人，模拟拣货部职员，各队选队长一名，队长以拣货主管身份带领团队完成本次任务。

第三步，按照第一部分的工作流程图模拟实施任务。如果实训室已配置拣货机器人，按照工作流程图实施拣货任务，先领取拣货任务，再将拣货任务录入系统，最后启动机器人拣货作业。拣货过程中，如遇机器人故障，根据提示查明原因，并由指导老师协助解决。如果实训室没有相关设备，由队长带领团队开展讨论，主要围绕拣货机器人的应用范围，使用拣货机器人拣货的优缺点，农产品配送中心应用拣货机器人的可行性等。讨论结束后，个人独立完成乐实农配公司《机器人拣货作业指南》。

3. 课中评

各团队依次汇报成果，各"拣货主管"简述部门"智慧专员"在讨论会上的表现，各团队"智慧专员"分别介绍《机器人拣货作业指南》的内容。最后，教师对各队表现进行评价。

(三) 课后探究学习

根据专业理论知识的学习及实训练习，结合自身体会撰写有一定深度的学习感悟，就学到的知识及掌握的技能在未来职业中的应用或创新发表感悟，要求 50 字以上，请在课后三日内完成。

三、学习成果

机器人拣货作业指南					
任务名称	机器人拣货管理	实施方法	观看展会＋团队讨论	成果归属	个人
成果形式	拣货作业指南	姓名		任务得分	

（一）常见的机器人拣货设备

（二）农产品配送中心适用的机器人拣货设备

（三）乐实农配公司机器人拣货作业指南
1. 适用范围

2. 操作步骤

3. 注意事项

第二部分 必备知识

一、类 kiva 式机器人拣货

（一）Kiva 机器人简介

Kiva 机器人是亚马逊在 2012 年斥资 7.75 亿美元收购的 Kiva systems 公司的机器人项目，这家公司专注于如何利用机器人在仓库里完成网上大量的订单派发工作的开发。亚马逊引入 Kiva 机器人实现拣选引发市场高度关注，以"货架到人"方式拣选的 Kiva 拣选技术一经推出，拣货效率大幅提升，很快便得到市场的广泛认可，成为过去数年中最热的应用技术之一。

Kiva 机器人重约 145 kg，虽然小小的，可是个大力士，其顶部有一个升降圆盘，可抬起重达 340 kg 的物品。Kiva 机器人会扫描地上条码前进，能根据无线指令的订单将货物所在的货架从仓库搬运至员工处理区，这样工作人员每小时可挑拣、扫描 300 件商品，效率是之前的 3 倍，并且 Kiva 机器人的准确率达到了 99.99%。亚马逊高管称启用 Kiva 机器人可提高近 50% 的分拣处理能力，其与 Robo-Stow 机械臂等组成的系统可在 30 分钟内卸载和接收一拖车的货物，同比之前的效率提升了几倍。

（二）亚马逊 Kiva 机器人的运作模式

亚马逊的运作模式可以简单地用四个字概括：货架到人。工作量最大的环节有五个：拣选、位移（包括拣选期间的位移，和拣选完成后包装台的位移）、二次分拣、复核包装和按流向分拣。其中，位移和按流向分拣，可以通过传输线和高速扫码的方式自动化实现，这在几乎大部分现代化仓库中都已经实现了。但拣选、二次分拣和复核包装都需要人工细致地去识别和取放货物，而且所需的人工量巨大。

图 3-5 亚马逊 Kiva 机器人

（三）Kiva 机器人的解决方案

Kiva 机器人应用之后，货架到人的核心思路是把拣选人员取消，直接把货架搬到复核包装人员的边上，由复核打包人员完成拣选、二次分拣、打包复核三项工作，把人员数量压到最低，同时也取消了原来传输线完成的位移动作。成千上万的 Kiva 机器人，以远远高于人工的效率、更低的成本和错误率，昼夜不停地处理客户的海量包裹。相比于传统的货架人选择标准，Kiva 机器人更多地强调从用户角度出发，是否能真正做到满足用户需求。目前来说，要选择一款合适的 Kiva 机器人，一般需要考虑以下几个因素：

1. 核载

对于每一个 Kiva 机器人来说，核载量都是需要考虑的重要因素。可承载安全的货架是 Kiva 机器人所有任务执行、完成的首要基础。

2. 拣选效率

当我们想要建立一个自动化、信息化系统的时候，我们必须明确拣选效率发生了怎样的变化。因为这直接意味着整体机会的好坏，是否能做到"货等人"，而不是"人等货"；在工业设计方面,需要充分考虑到拣选过程中货品的移动路径、高度差变化,需要站在一个人性化的系统角度,对各个环节进行优化,使整个供应链既是最自动化的,又一定是最人性化的。

3. 可靠性

评价一款 Kiva 机器人的可靠性如何,最好的检验办法是看过去的表现。当可考察的精力和时间有限,可以通过查找资料了解机器人在以往案例中的表现。

4. 性价比

性价比高低是做出选择的重要的衡量指标。如场地的空间利用率是否处于合适的区间,内部需求在经过转化后是否可以达到合理的收入产出比。

(四) 国内类 Kiva 机器人技术的发展与应用

1. 极智机器人拣选系统——北京极智嘉科技有限公司

极智机器人拣选系统通过移动机器人搬运货架实现"货到人"的拣选,有效提升作业效率,降低人工成本。拣选人员只需根据显示屏和播种墙电子标签的提示,从指定货位拣取相应数量的商品放入订单箱即可。其型号依据额定负载重量划分有三种,最大负载重量分别为 100 kg,500 kg,1 000 kg。

(1) 核心模块:极智机器人、极智管理系统、标准拣选工位和充电站。

(2) 适用范围:极智拣选系统适用于中小件、多品类的仓库拣选作业,适用仓库面积可达上万平方米,针对电商、零售、第三方物流(3PL)、医药、鞋服、食品、日用品、工业、汽车制造等众多行业。

(3) 产品优势:稳定的举升搬运,最大负载达 1 000 kg;强大的导航避障、视觉组合导航方式、毫米级定位;灵活的智能调度、智能路径规划和拥塞控制算法;先进的自动充电、智能自主充电,24 小时无间断运行。

(4) 应用案例:电商(卷皮网、心怡、天猫、唯品会),零售(联华超市),快递物流(顺丰速递),跨境电商(费舍尔;飞亚达)。

2. 快仓系统——上海快仓智能科技有限公司

快仓为用户提供产品级解决方案,从应用场景、流程再造到软件算法,从多主体系统到智能机器人,通过颠覆式的业务理念及高度整合的软件和硬件,以实惠的价格实现了电商仓库操作模式从"人到货"向"货到人"的转变,为客户提供最先进的"智能订单拣选系统解决方案"。

(1) 核心模块:移动机器人、可移动货架、补货、拣货工作站等硬件系统和人工智能算法的软件系统。

(2) 适用范围:快仓系统适用于中小件商品分拣,可提供覆盖 2 000 m² ~ 24 000 m² 分拣库区面积的不同解决方案;应用于平台电商的地区分拣中心,垂直电商、小型电商、闪购电商等类型电商的内仓;同时可以胜任为传统零售业门店配货的任务。作为一个高度柔性的智能仓库方案,快仓系统将满足客户的实际需求,提供定制化解决方案,赋予每个仓库灵魂。

(3) 产品优势:更低的成本,系统可以为配送中心节省 50% ~ 70% 的人工;更快的速度,更高的效率,通过优化整个系统来快速提高;更精准的流程,降低错单率、产品损耗率和订单消耗品开销等。

（4）应用案例：电商仓库、跨境电商仓库、服装仓库。

二、Picking AGV 拣货

（一）Picking AGV 机器人简介

Picking AGV 机器人为浙江国自机器人技术股份有限公司制造，该公司成立于 2011 年，总部位于浙江省杭州市，致力于成为全球领先的移动机器人公司。公司以技术创新为根本，建立了完整的移动机器人技术体系，是全场景智能导航、多智能体调度、柔性协作与交互等移动机器人核心前沿技术的开拓者和领航者。从 2017 年首创料箱搬运机器人 picking AGV，到 2019 年 SLIM 重新定义叉车 AGV，再到 2021 年 SLIM 家族的扩充以及新产品线——重载 AGV 的落地应用，国自在物流搬运领域一直创新不停，不断扩充产品线、拓展新应用。

图 3-6 国自 Picking AGV 机器人

2017 年，国自 Picking AGV 作为 STAR SYSTEM 的核心组成部分，在美国史泰博工厂正式亮相。国自 Picking AGV 可直接锁定目标 SKU，并且一次可收集至少 5 个目标 SKU 箱，且从货架区到工作站只需走一次，Picking AGV 还具有一个自由旋转的装载平台，在叉卸货时无需转弯，极大降低了对存储货架区巷道宽度的要求。Picking AGV 至今已在史泰博各仓库进行了广泛、长期的应用，其使用的稳定性和方案的先进性已充分得到市场的验证和肯定。其产品优势为多层货箱设计、多级安全防护。Picking 料箱到人 AGV，可为客户多样化场景提供多种智能料箱搬运解决方案，实现智能搬运、拣选、分拣等应用，一次可搬运多个料箱，大幅提升拣选效率，降低人工成本，助力仓库实现自动化管理。拣货方式有叉取、勾拉两种。可定制化设计适用仓储物流分拣与补货系统"STAR SYSTEM"的，基于无线网络通信的智能电池管理的自主定位方式。

（二）国自机器人的三大核心解决方案

智能仓储领域，国自解决方案以"货箱到人（CTP）、货到人（GTP）、订单到人（OTP）"为核心，覆盖了移动机器人、机器人调度管理系统（REX）和智能仓储管理系统（WMS）三大产品体系，系统亮点如下：

货箱到人（CTP）：货箱到人拣选是国自基于多层料箱拣货机器人 Picking 设计的箱式立体拣选系统，通道需求窄，立体空间利用率高，实现高密度存储、高效率拣选。

货到人（GTP）：货到人拣选采用顶升搬运机器人 Ants 系列机器人，把货架/托盘搬送到拣选工位，彻底颠覆传统的人找货模式。

订单到人（OTP）：订单到人拣选是基于拣货机器人 Order 构建的柔性拣选系统，机器人携带订单箱到达被命中的库存位，辅助人工拣选。

多车体调度：智能仓储拣选方案可充分利用 Picking、Ants、Order 的产品优势，实现混合调度，提升仓储拣选效率与存储密度，节省人工成本。

国自三大核心解决方案彻底颠覆了传统的物流出入库模式，能够高效完成包括物料采购入库、生产入库、生产领料出库、成品出入库等各项仓库存储业务需求，适用于电商、零售、

医药、食品、汽车制造业、信息家电（Computer、Communication、Consumer Electronics，简称 3C）、烟草等行业。

三、攀爬式 AGV 拣货

（一）攀爬式 AGV 机器人简介

攀爬式 AGV 机器人最大的特点是攀爬抓取拣货，并且可以在现有仓库的基础设施上进行改造。攀爬式 AGV 机器人有小型机械臂，机械臂依靠吸盘吸取货物。通过攀爬至货架，用机械臂上的吸盘直接将货物平移到机器人的载货平台上，然后返回地面。攀爬式 AGV 机器人为以色列 BionicHive 公司制造，所以也称 BionicHive 攀爬式 AGV 机器人。

（二）攀爬式 AGV 机器人的特点

攀爬式 AGV 既能在地面像普通 AGV 那样前后左右移动，还能直接从地面"爬"上货架取货，实现了 AGV 的三维移动，同时替代了传统提升机或堆垛机的功能。它们无论从外观、移动方式还是作业方式上都打破了传统 AGV。众所周知，连续、及时的货到人拣选配送一直是仓储物流及制造业的一大痛点，常见的自动化物流设备旋转货架、多层穿梭车、堆垛机等，都需要通过输送线或 AGV 进行二次转运配送，无法满足高效拣选、配送需求；而攀爬 AGV 的诞生有效解决了这一难题。攀爬 AGV 良好的互换性、作业连续性、速度快、效率高等特点，可以支持本身载荷以下的纸箱/料箱在立体货架上的存放、拣选，实现货物存放位与货物操作工位直接搬运，以及多车协同存取、搬运、拣选作业，提升仓储柔性及效率。相比较传统模式的弊端，攀爬 AGV 优势就是拣选效率和准确性高，实现各储位同时操作互不干涉，保证良好的拣选效率和仓储时效，解决了行业的痛点。

我们较为常见的仓储机器人，类似 Kiva 机器人要么是圆形"饼"状，要么是方形平台。像 BionicHive 攀爬式 AGV 机器人这样，外观非圆非方，像拖车一样由 2 个大轮、2 个小轮、1 个载货平台构成的机器人非常少见。图 3-7 为攀爬式 AGV 机器人正在拣货。

图 3-7 工作中的攀爬式机器人

第三部分　新概念、新技术、新标准

扫描二维码，
了解新概念、
新技术、新标准

第四部分　拓展知识

扫描二维码，
学习更多知识

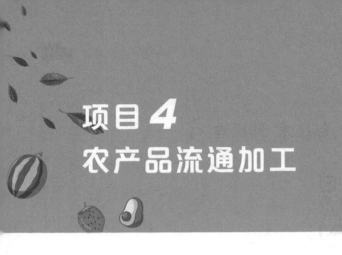

项目 *4*
农产品流通加工

 项目概况

乐实农配公司仓储部主要负责配送中心农产品的出入库管理、在库农产品管理和农产品流通加工等工作。仓储部有仓储主管 1 名,仓储专员 2 名,加工专员 2 名。

农产品品牌建设是乡村振兴战略的重要抓手,随着人们消费水平的不断升级,消费者对高品质、高附加值的农产品的需求与日俱增。乐实农配公司经营的水晶梨、水蜜桃、青菜、蓬蒿、菜心等均为地产特色农产品,品质优良、口感极佳,但价格一直上不去,每次价格稍稍上调就意味着部分客户的流失。经分析,乐实农配公司果蔬价格一直无法上调的原因是品牌影响力的问题,这和目前乐实农配公司简陋的农产品包装有一定关系。经查阅资料并学习后,仓储主管刘涛认为,农产品包装是消费者眼中品牌形象的最直观体现,是农产品在品牌推广和宣传中最直接的媒介,是与消费者直接对话的一种宣传形式。在包装设计上,既要考虑美观大方,还要体现历史文化内涵;在包装材料选择上,既要有利于农产品保质、保鲜,还要体现绿色环保理念,避免过度包装。认识到了包装的重要性后,刘涛决定升级乐实农配公司农产品包装,打造乐实农产品品牌,扩大上海特色农产品的市场影响力。

 项目内容

项目任务	相关知识	新概念、新技术、新标准
4.1 水果保鲜包装管理	水果包装管理知识	新技术:包装革命—循环包装
4.2 蔬菜保鲜包装管理	蔬菜包装管理知识	新技术:果蔬气调保鲜包装
4.3 大米保鲜包装管理	大米包装管理知识	新概念:碳达峰、碳中和与环保包装 新技术:大米包装编织袋

 项目目标

(1) 知识目标:掌握果蔬保鲜包装的专业知识;熟悉果蔬保鲜包装的材料及应用。

(2) 技能目标:能根据果蔬特性,选择合适的保鲜包装材料进行包装。

（3）价值目标：精于专注，诚于品质；率真诚实，专于新鲜；崇尚环保，追求和谐。

相关岗位

仓储主管
岗位职责：全面负责仓储部的管理工作，制订和执行仓储工作计划，完善农产品入库、盘点、加工等各项作业规范及流程，提高内部运作效率，有效降低仓储物流总成本，参与制定与控制部门仓储物流运作预算；负责科学规划、调整仓库的库存和库位，提出改进方案，合理利用仓库空间，保证仓库最大化的使用率；负责团队管理、建设、激励，负责对下属员工的管理、考核、培养，完成团队目标。 　任职资格：专科学历及以上，具备 3 年以上的相关工作经验，1 年以上的团队管理经验；具备一定的团队管理、组织协调能力，具备良好的判断和分析能力；熟练操作 OFFICE，ERP 等软件，身体健康，年龄原则上不超过 30 周岁，条件优秀者可放宽至 35 周岁。 　职业发展：仓储主管一般是从仓储专员晋升上来的，其职业发展方向为配送经理。成为配送经理，需要更加丰富的专业知识，更强大的沟通能力、组织协调力等素质。 　薪资待遇：拣货主管的薪酬一般在 0.8 万～1.5 万每月，具体待遇因公司发展现状不同而相差较大。

仓储专员	加工专员
岗位职责：负责仓库农产品的入库、上架工作，做好仓库日常维护、系统维护；负责执行库房定期盘点；负责执行库房 5s 管理各项规定；负责库房安全管理，各项安全指标执行；随时掌握库存状态，保证物资设备及时供应，充分发挥周转效率；熟悉农产品的品种、规格、产地及生物特性；完成上级领导交代的任务。 　任职资格：中专或高中以上学历，有健康证；具备 1 年以上相关工作经验；具备物流的基本知识以及技能，熟悉仓库各作业的工作流程；具备良好的沟通能力；学习能力强；工作认真、细致，具有工作责任心。 　职业发展：仓储专员一般是以校园招聘或社会招聘为主，其职业发展方向为仓储主管。 　薪资待遇：仓储专员薪酬一般在 0.8 万～1.2 万每月，具体待遇因公司发展现状不同而相差较大。	岗位职责：服从分配、听从指挥，严格遵守各项操作规程和各项规章制度，使生产规范化；负责仓库内农产品的加工包装工作，熟悉农产品的品种、规格、产地及生物特性；熟练操作生鲜蔬菜、水果的包装设备，认真完成每日的加工任务；严格按加工标准，完成各加工任务，并放至指定的配货位置；爱惜果蔬，轻拿轻放，减少操作损耗，杜绝浪费。 　任职资格：中专或高中以上学历，有健康证；具备 1 年以上相关工作经验；具备物流的基本知识以及技能，熟悉仓库各作业工作流程；具备良好的沟通能力；学习能力强；工作认真、细致，具有工作责任心。 　职业发展：加工专员一般是以校园招聘或社会招聘为主，其职业发展方向为仓储主管。 　薪资待遇：加工专员薪酬一般在 0.8 万～1.2 万每月，具体待遇因公司发展现状不同而相差较大。

（备注：以上表格内容为在前程无忧网搜集、整理后的信息，仅供参考。整理时间：2021 年 12 月。）

任务描述

　　乐实农配公司的明星水果"南汇水蜜桃"是上海市南汇区特产,也是中国国家地理标志产品。南汇水蜜桃的果体个头大、色泽红润、皮薄肉厚、入口甜美多汁,在各项比赛中屡屡获得第一,2019 年 11 月 15 日,入选中国农业品牌目录。随着南汇水蜜桃品牌影响力的提升,客户对水蜜桃的新鲜度要求也在提高,为延续水蜜桃的品牌效应,做好配送途中的保鲜工作,在已使用冷藏车的前提下,公司决定开发水蜜桃保鲜包装,利用包装的保鲜功能,进一步提高水果的新鲜度,以减少水果新鲜度方面的客户投诉,要求包装既要有保鲜、保质功能,还要美观大方、绿色环保。

　　请查阅南汇水蜜桃的相关资料,根据水蜜桃特性,制定南汇水蜜桃保鲜包装方案。

任务目标

　　知识目标:了解水果包装的功能与分类,熟悉水果包装的材料及应用,掌握水果保鲜包装专业知识;

　　技能目标:能根据水果特性,选择合适的保鲜包装材料进行包装;

　　价值目标:具备"精于专注、诚于品质"的职业素养。

成果要求

　　《南汇水蜜桃保鲜包装方案》。

建议学时

　　3 学时,其中线上 1 学时,线下 2 学时。

第一部分　任务实施

一、工作流程

作业名称	水果保鲜包装管理-南汇水蜜桃	职能	水果流通加工
作业部门	仓储部	涉及部门	无
目的	提高水果保鲜包装水平,保障水果质量		

<table>
<tr><td colspan="2" align="center">操　作　规　范</td></tr>
<tr><td align="center">工作流程图</td><td align="center">操作说明</td></tr>
<tr>
<td>

接到水蜜桃保
鲜包装工作
↓
学习南汇水蜜
桃生物特性
↓
水果保鲜包装
市场调研
↓
水蜜桃保鲜包
装材料调研
↓
南汇水蜜桃保
鲜包装策划
↓
南汇水蜜桃保
鲜包装样品
↓
完毕

</td>
<td>

负责岗位:加工专员
时间节点:随时
工作内容:水果保鲜包装策划

负责岗位:加工专员
时间节点:接包装策划任务后
工作内容:学习水蜜桃的特性,包括开花时间、结果、上市时间、保鲜要求、营养成分等

负责岗位:加工专员
时间节点:掌握水蜜桃生物特性后
工作内容:网购水蜜桃或者去水果市场实地调研,了解水蜜桃包装

负责岗位:包装专员
时间节点:掌握同行保鲜包装现状后
工作内容:学习水果保鲜材料知识,查询供应商情况

负责岗位:包装专员
时间节点:包装材料确定后
工作内容:根据调研结果,策划水蜜桃保鲜包装方案

负责岗位:包装专员
时间节点:保鲜包装方案制定后
工作内容:采购相关材料,进行保鲜包装,并测试保鲜效果

</td>
</tr>
</table>

扫描二维码,进
入思政小课堂

扫描二维码,
观看微课

扫描二维码,
完成小测验

二、学习步骤

(一) 课前自主学习

1. 课前思

请根据"思政小课堂"分析思考:分析水果包装过程中应注意哪些问题?

2. 课前学

观看任务微课,并完成小测验。相关理论知识见本教材"必备知识"部分。

3. 课前做

请通过网络电商平台了解各种水果的包装情况,重点关注桃类水果的包装说明,如有条件,建议网购一箱水蜜桃,收到水蜜桃后,关注其包装保鲜材料的使用情况,有无保鲜效果等,也可以去水果市场进行实地调研。

(二) 课中协作学习

1. 课中查

对课前学习任务的完成情况进行自查,根据学习不足之处,调整下一阶段的学习方法,制定新的学习策略,提升学习效果。

2. 课中练

第一步,组建团队,明确分工。一队一般有四到六人,模拟仓储部职员,各队选队长一名,模拟仓储主管,负责落实任务分工、监督任务实施、收发任务资料、汇报项目成果等;各队员模拟加工专员,均需编制完成《南汇水蜜桃保鲜包装方案》。

第二步,按照第一部分的工作流程图模拟实施任务。首先,确定"课前做"环节的"水果保鲜包装调研"任务已完成。其次,本次任务采取团队讨论与个人分析相结合的方式,各团队成员之间可以讨论水蜜桃保鲜包装方法,但保鲜包装方案的制定任务由各队员单独完成。过程中,如遇问题或疑惑直接举手向教师求助。

第三步,各"加工专员"编制《南汇水蜜桃保鲜包装》方案。

第四步,如实训条件允许,学生根据自己制定的方案,选择相关材料对水蜜桃进行保鲜包装,并测试保鲜效果。

3. 课中评

各团队依次汇报成果,各"仓储主管"简述部门"加工专员"在研讨会上的表现,各"加工专员"对制定的水蜜桃保鲜包装方案进行说明。最后,教师对各队表现进行评价。

(三) 课后探究学习

根据专业理论知识的学习及实训练习,结合自身体会撰写有一定深度的学习感悟,就学到的知识及掌握的技能在未来职业中的应用或创新发表感悟,要求 50 字以上,请在课后三日内完成。

三、学习成果

<table>
<tr><td colspan="6" align="center">南汇水蜜桃保鲜包装方案</td></tr>
<tr><td>任务名称</td><td>水果保鲜包装管理</td><td>实施方法</td><td>市场调研＋方案设计</td><td>成果归属</td><td>个人</td></tr>
<tr><td>成果形式</td><td>保鲜包装方案</td><td>姓名</td><td></td><td>任务得分</td><td></td></tr>
<tr><td colspan="6">（一）南汇水蜜桃生物特性</td></tr>
<tr><td colspan="6">（二）南汇水蜜桃保鲜包装材料的选择</td></tr>
<tr><td colspan="6">（三）南汇水蜜桃保鲜包装方案（要求说明保鲜效果）</td></tr>
<tr><td colspan="6">（四）南汇水蜜桃保鲜包装图片</td></tr>
</table>

扫描二维码，
看视频、学知识

第二部分　必备知识

一、水果保鲜包装物流规范

（一）芒果保鲜包装

芒果的包装可采用纸箱，选择比较硬、厚实的，里面用纸花或者瓦楞纸填充，以防碰撞、挤压。可采用纸箱及加厚网套，或者用透气的棉筋纸逐个包裹、仔细装箱，或放在果筐内。对水果而言，保鲜最重要的就是保持果实内部水分，芒果也是如此。芒果在采收以后，运输期间发生失水现象是不可避免的，因为芒果的呼吸代谢也要消耗部分水分，这部分失水是正常失水。而在运输过程中，车厢内空气流动过快或者温度过高，都会造成水分的加速流失。因此，在遇到这种情况时，建议使用挡风布遮风，在一定程度上减少水分流失。而对于密封性能较好的运输车厢，则需要控制好车厢内温度，避免芒果因高温失水。可以在车厢内装入制冷设备，及时将车厢内热量排除；也可以放入冰块降低车厢内部温度。需注意的是，要在车厢中留出一个窗口，或装一个简单的排气扇，使车厢内的蒸汽快速扩散出去。

图 4-1　芒果保鲜包装

图 4-2　火龙果保鲜包装

（二）火龙果保鲜包装

火龙果的包装可参考 NY/T658-2002 绿色食品包装通用准则，用于火龙果包装的容器有塑料箱、泡沫箱、纸箱等。为保证火龙果品质，一般采用果蔬专用保鲜袋或食品薄膜单独包装，再用纸箱加泡沫，这样不仅抗震耐压，还能保证火龙果水分不会流失，使其在常温下延长保鲜期 1～2 倍，口感色泽基本不变，即使腐烂也只会是个别，不会殃及其他。

（三）猕猴桃保鲜包装

猕猴桃属于典型的呼吸跃变型果实，为浆果，皮薄汁多，加上采收时季节温度高，而且对乙烯很敏感，果实极易软化、腐烂。为适应果实的这类生理活动，猕猴桃首先要以简单的塑料周转贮藏箱作为单元包装，然后在周转箱内铺麻纸，最后用集装箱装好便可装车运输。为适应长途运输的需要，猕猴桃要先经冷库预冷，再由温度保持在 0℃～5℃的冷藏车运输，确保质量。

目前，我国猕猴桃销售包装还多为手工包装，包装容器多种多样，有硬纸箱和塑料箱，也有新西兰式托盘和礼盒包装，还有 2 kg～10 kg 的散放箱装式包装。物流包装材料一般为纸箱加上分隔泡沫或者加厚网套。

图 4-3　猕猴桃保鲜包装

图 4-4　菠萝保鲜包装

（四）菠萝保鲜包装

菠萝的包装容器可用纤维板箱或双层套叠的纸板箱,也可用纤维板与木材混合制成的板箱。箱内尺寸最好为长 45 cm,宽 30.5 cm,高 31 cm,箱上应开通风孔,孔离箱的各边 5 cm 左右为宜。箱外可装塑料帘,防止水分散失。可盛装大小一致的菠萝果实 8～14 个,并且让果实横向地紧密排列在箱内,辅以软物衬垫使果实保持稳定。菠萝的物流包装材料一般为纸箱或者泡沫箱加上网套。

（五）车厘子保鲜包装

车厘子身娇肉贵,一般采摘后怕光怕热,遇水容易腐烂,需冷链运输到冷库,控温区的温度严格控制在 0℃～4℃。包装最外层用牛皮纸箱包装,再用冷藏保温包和保鲜盒。也可以先用泡沫箱加冰袋,外面再加纸箱。

图 4-5　车厘子保鲜包装

图 4-6　蓝莓保鲜包装

（六）蓝莓保鲜包装

用 0.5 kg 装的微波炉硬质饭盒装,四周铺 3～4 层餐巾纸作缓冲作用,装满后在最上面盖好餐巾纸,确认无晃动再盖好盖子,用胶带封好,底部和顶部放两袋冰,然后缠 4 层气泡袋,胶带封好后装入泡沫箱,用气泡袋填充好空隙,放置冰袋,盖好、封好,装入瓦楞纸纸箱,封好后发货,将损失降到最低。

（七）荔枝保鲜包装

荔枝储存的温度最好是在 2℃～4℃,湿度要保持在 90％～95％,内外包装相结合,不能让荔枝受太多的摩擦。挑选易于保存的荔枝品种,运输过程中用泡沫箱加冰袋的方法进行保鲜,配合使用气调,降低氧气比例以减慢氧化速度,还可配合药物来杀菌防腐。冬季运输时,因为温度较低,不需要加冰袋,用泡沫箱即可。

图4-7 荔枝保鲜包装

图4-8 龙眼保鲜包装

(八) 龙眼保鲜包装

温度高低是影响龙眼贮藏寿命的一个关键因素。龙眼对贮藏温度反应敏感,适合2℃~4℃的低温贮藏。同时,龙眼储存环境的相对湿度最好为85%~95%,最适气体配比浓度为6%~8%,二氧化碳浓度为4%~6%。龙眼经防腐处理和预冷后,用聚乙烯薄膜包装,置于适宜而相对稳定的低温环境中,使其进行低温自发气凋贮藏,可保鲜35~40天。龙眼的内包装宜用厚度0.02 mm的聚乙烯或聚丙烯袋,且塑料袋小包装比塑料袋大包装效果更好。由于龙眼果实皮薄、汁多,果皮易被挤破,外包装宜用塑料筐、木箱或泡沫箱。

(九) 杨梅保鲜包装

杨梅果实没有外果皮保护,容易受机械损伤,并且成熟时气温已高,又值梅雨季节,果实采收后不易贮藏,素有"一日味变,二日色变,三日味、色皆变"之称。如要进行长途运输,需准备白色泡沫塑料箱(保温和防震作用)和整形冰块(外包裹包冰袋);再将充好气的装好杨梅的塑料袋子装入小筐,然后将小筐装入泡沫箱,箱内放入整形冰块,并立即进行长途运输。

图4-9 杨梅保鲜包装

图4-10 苹果保鲜包装

(十) 苹果保鲜包装

苹果水分较高,容易受到微生物的侵害和在采收时受到损伤,采收后的呼吸作用也会产生比较大的热量。温度过低或过高容易造成苹果的冻伤或促进衰老,包装不当也容易引起磕碰从而造成机械损伤。因而在进行苹果的包装和装卸时需要轻拿轻放,同时也为了避免上面的苹果将下面的苹果压伤。

苹果运输的包装普遍采用瓦楞纸箱,最大装箱深度为 60 cm,箱内分层放置,不同层之间隔有衬垫,苹果之间有隔挡,也有使用发泡塑料网套罩住单果而不使用隔挡的包装方式,或两者均用;有的高档果使用涂蜡或不涂蜡的白纸包裹单果。为了避免车厢底部和下层的果箱受压变形,瓦楞纸箱必须是内外木浆纸的优质产品,这种纸箱可以承受两个成年人的身体重量,堆码七八层。

第三部分　新概念、新技术、新标准

扫描二维码,
了解新概念、
新技术、新标准

第四部分　拓展知识

扫描二维码,
学习更多知识

任务4.2 蔬菜保鲜包装管理

 **任务描述**

乐实农配公司的明星蔬菜为蓬蒿菜,因营养丰富而广受消费者喜爱。蓬蒿菜是上海人的叫法,正式名称是茼蒿菜。早在唐代,茼蒿菜就已被列为食疗之品,唐代医学家孙思邈在《千金方》中称其能"安心气,养脾胃,消痰饮"。茼蒿中含有特殊香味的挥发油,可消食开胃。茼蒿还含有丰富的维生素、胡萝卜素及多种氨基酸,可以养心安神、降压补脑,清血化痰,润肺补肝,并且其所含的粗纤维有助肠道蠕动,促进排便,达到通肠的目的。

随着蓬蒿菜品牌影响力的提升,客户对蓬蒿菜的新鲜度要求也在提高。为延续蓬蒿菜的品牌效应,做好配送途中的保鲜工作,在已使用冷藏车的前提下,公司决定开发蓬蒿菜保鲜包装,利用包的保鲜功能,进一步提高蔬菜的新鲜度,以减少蔬菜新鲜度方面的客户投诉,要求包装既要有保鲜、保质功能,还要美观大方、绿色环保。

请查阅蓬蒿菜的相关资料,根据蓬蒿菜特性,制定蓬蒿菜保鲜包装方案。

 **任务目标**

知识目标:了解常见蔬菜的生物特性,掌握有机蔬菜包装标准,掌握常见蔬菜的包装方式及流程;

技能目标:能根据蔬菜特性,选择合适的保鲜包装材料进行包装;

价值目标:具备"率真诚实,专于新鲜"的职业素养。

成果要求

《蓬蒿菜保鲜包装方案》。

建议学时

1.5学时,其中线上0.5学时,线下1学时。

第一部分 任务实施

一、工作流程

作业名称	蔬菜保鲜包装管理—蓬蒿菜	职能	蔬菜流通加工
作业部门	仓储部	涉及部门	无
目的	提高蔬菜保鲜包装的水平,保障蔬菜质量		

<table>
<tr><th colspan="2">操 作 规 范</th></tr>
<tr><td>工作流程图</td><td>操作说明</td></tr>
<tr>
<td>

接到蓬蒿菜保鲜包装工作

↓

学习蓬蒿菜生物特性

↓

蓬蒿菜保鲜包装市场调研

↓

蓬蒿菜保鲜包装材料调研

↓

蓬蒿菜保鲜包装策划

↓

蓬蒿菜保鲜包装样品

↓

完毕

</td>
<td>

负责岗位：加工专员
时间节点：随时
工作内容：蓬蒿菜保鲜包装策划

负责岗位：加工专员
时间节点：接包装策划任务后
工作内容：学习蓬蒿菜的特性,包括上市时间、保鲜要求、营养成分等

负责岗位：加工专员
时间节点：掌握蓬蒿菜生物特性后
工作内容：网购蓬蒿菜或者去蔬菜市场实地调研,了解蓬蒿菜包装

负责岗位：包装专员
时间节点：掌握同行保鲜包装现状后
工作内容：学习蔬菜保鲜材料知识,查询供应商情况

负责岗位：包装专员
时间节点：包装材料确定后
工作内容：根据调研结果,策划蓬蒿菜保鲜包装方案

负责岗位：包装专员
时间节点：保鲜包装方案制定后
工作内容：采购相关材料,进行保鲜包装,并测试保鲜效果

</td>
</tr>
</table>

扫描二维码,进入思政小课堂

扫描二维码,观看微课

扫描二维码,完成小测验

二、学习步骤

(一) 课前自主学习

1. 课前思

请根据"思政小课堂"分析思考:如何保障消费者购买的蔬菜的质量?蔬菜二维码追溯系统能彻底解决蔬菜质量的安全问题吗?

2. 课前学

观看任务微课,并完成小测验。相关理论知识见本教材"必备知识"部分。

3. 课前做

本次调研包括学习蓬蒿菜生物特点和调研蓬蒿菜保鲜包装。请查阅蓬蒿菜的种植管理、上市时间、营养成分、保鲜要求等资料,了解蓬蒿菜的生物特性。通过网络电商平台了解各种蔬菜的包装情况,重点关注蓬蒿菜的保鲜包装措施,如有条件,建议网购一份蓬蒿菜,收到蔬菜后,关注其包装的保鲜材料使用情况、有无保鲜效果等。

(二) 课中协作学习

1. 课中查

对课前学习任务的完成情况进行自查,根据学习不足之处,调整下一阶段的学习方法,制定新的学习策略,提升学习效果。

2. 课中练

第一步,组建团队,明确分工。一队一般有四到六人,模拟仓储部职员,各队选队长一名,模拟仓储主管,负责落实任务分工、监督任务实施、收发任务资料、汇报项目成果等;各队员模拟加工专员,均需编制完成《蓬蒿菜保鲜包装方案》。

第二步,按照第一部分的工作流程图模拟实施任务。首先,确定"课前做"环节的"蔬菜保鲜包装调研"任务已完成。其次,本次任务采取团队讨论与个人分析相结合的方式,各团队成员之间可以讨论蓬蒿菜保鲜包装方法,但保鲜包装方案的制定任务由各队员单独完成。过程中,如遇问题或有疑惑直接举手向教师求助。

第三步,各"加工专员"编制《蓬蒿菜保鲜包装》方案。

第四步,如实训条件允许,学生根据自己制定的方案,选择相关材料,对蓬蒿菜进行保鲜包装,并测试保鲜效果。

3. 课中评

各团队依次汇报成果,各"仓储主管"简述部门"加工专员"在讨论会上的表现,各"加工专员"对制定的蓬蒿菜保鲜包装方案进行说明。最后,教师对各队表现进行说明。

(三) 课后探究学习

根据专业理论知识的学习及实训练习,结合自身体会撰写有一定深度的学习感悟,就学到的知识及掌握的技能在未来职业中的应用或创新发表感悟,要求 50 字以上,请在课后三日内完成。

三、学习成果

<table>
<tr><td colspan="6" align="center">蓬蒿菜保鲜包装方案</td></tr>
<tr><td>任务名称</td><td>蔬菜保鲜包装管理</td><td>实施方法</td><td>市场调研＋方案设计</td><td>成果归属</td><td>个人</td></tr>
<tr><td>成果形式</td><td>保鲜包装方案</td><td>姓名</td><td></td><td>任务得分</td><td></td></tr>
<tr><td colspan="6">（一）蓬蒿菜生物特性

（二）蓬蒿菜保鲜包装材料的选择

（三）蓬蒿菜保鲜包装方案（要求说明保鲜效果）

（四）蓬蒿菜保鲜包装图片

</td></tr>
</table>

扫描二维码，
看视频、学知识

第二部分　必备知识

一、有机蔬菜的整理和清洗

有机蔬菜进入包装间后，要进行整理，去掉叶类菜的老黄叶、根菜类的须根等不能食用的部分，并进行清洗。清洗主要是洗掉表面的泥土、杂物和农药等。但有的蔬菜则不能水洗，如南瓜、黄瓜水洗后就不耐储运。另外，蔬菜经过清洗后一定要晾一下，去掉表面的水分。

通过整理和清洗后，净菜的感官标准为茎叶类菜无菜根、无枯黄叶、无泥沙、无杂物。各类蔬菜的净菜要求如下：

（1）香料类（葱、蒜、芹菜）：不带杂物，但可保留须根；

（2）块根（茎）类（姜、白萝卜、胡萝卜、紫色胡萝卜、迷你胡萝卜）：去掉茎叶，可带少量泥沙，红白萝卜可留少量叶柄；

（3）瓜豆类（冬瓜、南瓜、苦瓜、丝瓜、豆角、荷兰豆等）：不带茎叶；

（4）叶菜类（白菜、茼蒿、意大利生菜、菠菜、小青菜、小白菜等）：不带黄叶，不带根，去菜头或根；

（5）花菜类（白花菜、西兰花等）：无根，可保留少量叶柄；

（6）茄科类（番茄、樱桃番茄、紫长茄）：番茄和樱桃番茄不留蒂、不裂果、不畸形。紫长茄表面没有凸起、光滑、色泽较鲜，可保留少量果柄。

二、有机蔬菜的预冷

预冷就是通过人工制冷的方法迅速除去蔬菜采收后带有的大量来自田间的热量，以延缓蔬菜的新陈代谢，保持新鲜状态。其方法主要有冷风预冷。

预冷的目的是降低温度，但温度也不能降得过低，一般要求在0℃以上，否则，蔬菜结冰会使组织死亡。此外，有些蔬菜，如黄瓜、甜椒等果菜类的温度不能低于10℃。

三、有机蔬菜的分级及标准

蔬菜分级是发展蔬菜商品流通、提高市场竞争力的需要。主要是根据产品的品质、色泽、大小、成熟度、清洁度和损伤程度来进行分级。目前，全国尚未有统一的蔬菜分级标准，都是根据不同的消费习惯和市场需要来决定，表4-1为有机蔬菜分级标准示例。

四、蔬菜产品包装

蔬菜的包装对保证蔬菜商品的质量有重要的作用。合理的包装，可减轻储运过程中的机械损伤，减少病害蔓延和水分蒸发，保证蔬菜产品质量，提高蔬菜产品的耐储性。

蔬菜产品的包装可以保持其安全卫生，也便于运输、贮藏和销售。包装前产品应经整理、分级，然后在冷凉的环境下进行包装。包装应有一定的排列形式，严防滚动、碰撞或挤压，既要通风，又要充分利用容器的空间，对不耐挤压的蔬菜应有支撑物或衬垫物。

表 4 - 1　有机蔬菜的分级标准

作物种类	商品品性状基本要求	大小规格	特级标准	一级标准	二级标准
长茄	具有本品种的基本特征，表皮新鲜，无萎缩，无腐烂，无严重机械损伤，具有商品价值	长度(cm) 大：30~35 中：25~30 小：20~25	无机械伤，无病斑，无虫眼；表皮光亮，皮皱光亮；弯曲度在1cm之内；果柄长1~2cm；粗细均匀且无病斑，虫口	无虫害，允许有1~2处干疤点；皮润光亮；弯曲度在1~2cm；果柄长1~2cm；粗细基本均匀，幼嫩；果萼带幼刺，允许有少量病斑	允许有少量干疤点，允许弯曲；带果柄。粗细可不均匀；尚幼嫩
老南瓜	具有本品种的基本特征，无畸形，无严重损伤，无腐烂，果顶不转色，无老化，具有商品价值	单果重(g) 大：1 300~1 500 中：1 100~1 300 小：800~1 100	果形端正，无病斑，无机械损伤；色泽光亮，着色均匀；果柄长2cm	果形端正或较端正；无机械损伤；瓜上可有1~2处微小干疤或白斑；着色较均匀；果柄长2cm	果形允许不够端正；瓜上允许有干疤点或白斑；色泽较光亮；带果柄
水果黄瓜	具有本品种的基本特征，无畸形，无严重损伤，无腐烂，果顶不转色，具有商品价值	长度(cm) 大：10~12 中：8~10 小：6~8	果形完整，果直，粗细均匀，幼嫩；果刺鲜嫩，色泽鲜亮；带花；果柄长2cm	果形较端正，弯曲度0.5~1cm，粗细均匀；带刺，果刺幼嫩，允许有少量色泽鲜嫩，可有1~2处带花；果柄长2cm	果形一般；刺瘤允许不完整；色泽一般；可有干疤或少量虫眼；允许弯曲，粗细不太均匀；允许不带花；果柄
丝瓜	具有本品种的基本特征，无畸形，无损伤，无腐烂，具有商品价值	长度(cm) 大：30~35 中：25~30 小：20~25	瓜鲜嫩，果形端正，无疵点，无病斑，无虫害，果色亮丽，带花；果柄长2~3cm；粗细均匀	瓜鲜嫩，果形较端正，无虫害，果色亮丽，无病斑，果柄长2~3cm；弯曲度0.5~1cm，粗细均匀	瓜尚嫩；果形一般；果柄、病斑、虫害，果柄长2~3cm；弯曲度0.5~1cm；粗细一般
西葫芦	具有本品种的基本特征，无畸形，无严重损伤，无腐烂，具有商品价值	单果重(g) 大：500~600 中：400~500 小：300~400	果形直，端正，粗细均匀，有绒毛；无疵点，幼嫩，果皮光亮；果柄长1~2cm左右	果形端正或较端正，粗细较均匀，有果上可有1~2cm，粗细处微疤均匀；果柄长0.5~1cm，果柄长1~2cm左右	果形允许不够端正；果上可有少量干疤点，允许弯曲；果尚幼嫩
甘蓝	具有本品种的基本特征，无腐烂，具有商品价值	单果重(g) 大：1 300~1 500 中：1 100~1 300 小：500~1 100	叶球紧实，无裂球；叶片无疵点，病斑，虫害	叶球较紧实，无裂球，叶片可有少量小疵点，无病斑，虫害	无裂球，允许叶球不够紧实，虫害；允许有疵点，病斑，虫害

（续表）

作物种类	商品性状基本要求	大小规格	特级标准	一级标准	二级标准
辣椒	具有本品种的基本特征，无畸形，无机械损伤，无虫眼，具有商品价值	长度(cm) 大：15～20 中：12～15 小：8～12	无病斑，果全红，无杂色斑块；果身直，允许尖弯；带青蒂	可有1～2处微小疵点；果全红，无杂色斑块；果身弯曲度2cm以内；带青蒂；果柄完整	果皮上可有干疤点，颜色允许有杂色斑块，允许有弯曲；大部分带果柄
刺黄瓜	具有本品种的基本特征，无畸形，无病斑，无腐烂，果顶不转色。具有商品价值	长度(cm) 大：35～40 中：30～35 小：25～30	果形端正；带刺，幼嫩；色泽鲜嫩；粗细均匀；果形直，果柄长2～3cm	果形较端正；带刺，果刺幼嫩，允许少量不完整；色泽鲜嫩；可有1～2处干疤点；粗细均匀；弯曲度1～2cm；果柄长2～3cm	果形一般；刺瘤不完整；允许有干疤点或虫眼；果形允许不端正；带果柄
苦瓜	具有本品种的基本特征，无畸形，无腐烂，具有商品价值	长度(cm) 大：30～40 中：20～30 小：15～20	无机械损伤；无病斑虫害，无疵点；果皮色泽光亮，幼嫩；果柄长3～4cm；果形直端正；粗细均匀	无机械损伤，无病斑虫害，果上允许有1～2处微小疵点，较亮丽，幼嫩；果面色泽3～4cm；果形正常，弯曲度1cm以内；粗细均匀	瓜上允许有机械损伤，疵点，带果柄；果形一般，允许虫端正，弯曲
樱桃番茄	具有本品种的基本特征，无病斑，无畸形，无腐烂，无机械损伤，具有商品价值	单果重(g) 大：15～20 中：12～15 小：7～12	果形标准；无病斑；着色均匀，颜色一致，果粒饱满；成熟度85%～90%，硬度强；果蒂完整	果形标准；无病斑；着色均匀，果粒饱满，成熟度80%～90%，硬度强；带果蒂	果形较标准；可有1～2处疵点；着色允许不均匀；成熟度80%～100%，硬度中；允许有0.5cm的青熟；果蒂有直径0.5cm；允许无果蒂
甜椒	具有本品种的基本特征，无腐烂，无机械损伤，具有商品价值	单果重(g) 大：250～400 中：200～250 小：150～200	表皮光滑；色泽深绿；无病斑，无虫眼，果脐为四个瓣，果形端正，果柄完整	表皮光滑；色泽深绿；鲜嫩；无畸形，无虫眼，可有1～2处微小疵，允许果脐分为3个瓣，果形较端正；具果蒂	新鲜，色泽尚可；允许有干疤点，果形允许不端正；具果蒂
四季豆	具有本品种的基本特征，无机械损伤，无断裂，无腐烂，无老化果，具有商品价值	长度(cm) 大：15～20 中：10～15 小：<10	着色均匀，青绿；无病斑，虫害；带果柄，果柄长度15～20cm	色泽青绿；果形较直；无病斑，虫害；带果柄；果形稍有弯曲；允许有1处疤点；果柄长度10～15cm	允许有少量病斑，虫眼；色泽尚可；允许有弯曲；色泽尚可

（一）蔬菜产品的包装要点

蔬菜产品必须按同品种、同规格进行包装，包装内需排放整齐。

蔬菜产品的包装一般应遵循以下几点：一是蔬菜质量好，重量准确；二是尽可能使顾客能看清包装内部蔬菜的新鲜或鲜嫩程度；三是避免使用有色包装，以免混淆蔬菜本身的色泽；四是对一些稀有蔬菜应有营养价值和食用方法的说明；另外，塑料薄膜包装一般透气性差，应打一些小孔，使内外气体可流通，减少蔬菜腐烂。

（二）对包装材料的要求

应实行统一规格的包装筐、包装箱或包装袋。包装筐如荆条筐、竹筐、泡沫塑料筐、塑料筐等；包装箱如木箱、纸箱等；包装袋一般用塑料薄膜袋等。小包装的蔬菜应采用无毒、清洁的食品袋或托盘等包装材料包装。

应具有防潮、耐压、通透性好的特性；包装容器内壁光滑、无异味、无有害化学物质，不影响保鲜、保质；体轻、成本低、原料来源丰富，容易回收等。

（三）包装材料的卫生标准

包装材料应采用符合食品卫生标准的包装材料。包装容器如塑料箱、纸箱等，应保持整洁、干燥、牢固、透气、无污染、无异味、内壁无尖突物、无虫蛀、无腐烂、无霉变，纸箱无受潮、离层现象。

（四）包装材料的标识

包装上应有标志标明产品名称、生产单位名称、详细地址、规格、净重和包装日期等。产品标志上的字迹应清晰、完整、准确。

（五）蔬菜包装的器械

蔬菜扎束机　　　扎口机

图 4-11　保鲜膜封接机

五、蔬菜产品包装分级

根据公司和客户的配送要求，对蔬菜产品包装出库进行分级，可分为礼箱、零售、配菜、活动、食堂五个级别。

礼箱属于一级标准：包装全部蔬菜产品，并要求以叶菜按 500 g、果菜按个的规格进行包装（果菜较大的最好 500 g 以上，如果满足不了，500 g 左右也可以；小番茄、豇豆、刀豆、毛豆、玉米等个体较小的要求 500 g 装），所有菜品品质保证为特级标准，并打上标签（公司名称、二维码、菜品名称、生产日期、重量）。

零售属于二级标准：包装全部蔬菜产品，并要求以叶菜按 350 g、果菜按 500 g 的规格进行包装,所有菜品品质保证为一级标准及以上,并打上标签(公司名称、二维码、菜品名称、生产日期、重量)。

配菜属于三级标准:不包装蔬菜产品,根据订单要求进行果菜、叶菜的合理搭配,所有菜品品质保证为一级标准及以上,并注意在配送袋上注明客户名称。

活动属于四级标准:包装全部蔬菜产品,并要求以叶菜按 350 g、果菜按 500 g 的规格进行包装,所有菜品品质保证为一级标准及以上,并打上标签(销售根据需要确定是否打上标签)。

食堂属于五级标准:不包装蔬菜产品,所有菜品品质保证为二级标准及以上,并整理好。

第三部分 新概念、新技术、新标准

扫描二维码,
了解新概念、
新技术、新标准

第四部分 拓展知识

扫描二维码,
学习更多知识

任务4.3　大米保鲜包装管理

任务描述

乐实农配公司的明星产品"松江大米"是上海市松江区特产,也是中国国家地理标志产品。作为松江传统的特色农产品,松江大米以米粒饱满、晶莹半透明、米饭柔软有弹性、食味清香略甜、表面油光而著称,在上海地区具有较高的知名度和较强的竞争力。随着松江大米品牌影响力的提升,客户对大米的新鲜度的要求也在提高。为延续松江大米的品牌效应,做好松江大米的保鲜工作,公司决定开发大米保鲜包装,利用包装的保鲜功能,进一步提高大米的新鲜度,进而提升松江大米的品牌形象,要求包装既要有保鲜保质功能,还要美观大方、绿色环保。

请查阅松江大米的相关资料,根据大米特性,制定大米保鲜包装方案。

任务目标

知识目标:了解大米的生物特性,熟悉常见的大米包装方法,掌握大米真空包装的专业知识,了解绿色包装的意义;

技能目标:能根据大米特性,选择合适的保鲜包装材料进行包装;

价值目标:具备"崇尚环保、追求和谐"的职业素养。

成果要求

《松江大米保鲜包装方案》。

建议学时

1.5学时,其中线上0.5学时,线下1学时。

第一部分　任务实施

一、工作流程

作业名称	大米保鲜包装管理	职能		大米流通加工
作业部门	仓储部	涉及部门		无
目的		提高大米的保鲜包装水平,保障大米质量		
操作规范				
工作流程图		操作说明		

工作流程图	操作说明
接到松江大米保鲜包装工作	**负责岗位**:加工专员 **时间节点**:随时 **工作内容**:松江大米的保鲜包装策划
学习松江大米生物特性	**负责岗位**:加工专员 **时间节点**:接包装策划任务后 **工作内容**:学习松江大米的特性,包括上市时间、保鲜要求、营养成分等
大米保鲜包装市场调研	**负责岗位**:加工专员 **时间节点**:掌握松江大米的生物特性后 **工作内容**:网购大米或者去粮油市场实地调研,了解大米包装
大米保鲜包装材料调研	**负责岗位**:包装专员 **时间节点**:掌握同行保鲜包装现状后 **工作内容**:学习大米保鲜材料知识,查询供应商情况
松江大米保鲜包装策划	**负责岗位**:包装专员 **时间节点**:包装材料确定后 **工作内容**:根据调研结果,策划松江大米保鲜包装方案
松江大米保鲜包装样品	**负责岗位**:包装专员 **时间节点**:保鲜包装方案制定后 **工作内容**:采购相关材料,进行保鲜包装,并测试保鲜效果
完毕	

二、学习步骤

(一) 课前自主学习

1. 课前思

请根据"思政小课堂"分析思考：如何避免大米过度包装的现象？如何保障大米的新鲜度？

扫描二维码，进入思政小课堂

2. 课前学

观看任务微课，并完成小测验。相关理论知识见本教材"必备知识"部分。

3. 课前做

本次调研包括松江大米的人文资料调研和大米真空包装调研。请查阅松江大米的种植历史、相关人物或典故，了解松江大米的人文历史资料。请走访粮油商店或者通过网络电商平台了解各种大米的包装情况，了解一般选择的包装材料、包装规格和包装文案的设计等。

扫描二维码，观看微课

(二) 课中协作学习

1. 课中查

对课前学习任务的完成情况进行自查，根据学习不足之处，调整下一阶段的学习方法，制定新的学习策略，提升学习效果。

2. 课中练

扫描二维码，完成小测验

第一步，组建团队，明确分工。一队一般有四到六人，模拟仓储部职员，各队选队长一名，模拟仓储主管，负责落实任务分工、监督任务实施、收发任务资料、汇报项目成果等；各队员模拟加工专员。

第二步，按照第一部分的工作流程图模拟实施任务。首先，确定"课前做"环节的"松江大米保鲜包装调研"任务已完成。其次，本次任务采取团队讨论与个人分析相结合的方式，各团队成员之间可以讨论松江大米的保鲜包装方法，但保鲜包装方案的制定任务由各队员单独完成。过程中，如遇问题或疑惑直接举手向教师求助。

第三步，各"加工专员"编制《松江大米保鲜包装》方案。

第四步，如实训条件允许，学生根据自己制定的方案，选择相关材料，对松江大米进行保鲜包装，并测试保鲜效果。

3. 课中评

各团队依次汇报成果，各"仓储主管"简述部门"加工专员"在讨论会上的表现，各"加工专员"对制定的松江大米保鲜包装方案进行说明。最后，教师对各队表现进行评价。

(三) 课后探究学习

根据专业理论知识的学习及实训练习，结合自身体会撰写有一定深度的学习感悟，就学到的知识及掌握的技能在未来职业中的应用或创新发表感悟，要求 50 字以上，请在课后三日内完成。

三、学习成果

松江大米保鲜包装方案					
任务名称	大米保鲜包装管理	实施方法	市场调研＋方案设计	成果归属	个人
成果形式	保鲜包装方案	姓名		任务得分	

（一）松江大米的生物特性

（二）松江大米保鲜包装材料的选择

（三）松江大米保鲜包装方案（要求说明保鲜效果）

（四）松江大米保鲜包装图片

扫描二维码,
看视频、学知识

第二部分　必备知识

一、大米的性质

大米亦称稻米,是稻谷经清理、砻谷、碾米、成品整理等工序后制成的食物。大米含有稻米中近 64% 的营养物质和 90% 以上的人体所需的营养元素,同时是中国大部分地区人民的主要食品。

大米的主要营养成分为淀粉(约占 85% 左右),主要供给人们能量。每克大米含人体可吸收的能量约为 15.5 千焦,高于小麦(13.6 千焦)和玉米(14.5 千焦)。大米还含有约 7% 的粗蛋白,虽比小麦和玉米(约为 10% 左右)低,但三者的人体有效蛋白质含量相近(均为 5.5% 左右)。赖氨酸含量(3.8 克/16 gN)高于小麦 65%,高于玉米 52%。大米还含少量的脂肪、粗纤维和灰分。大米因胚乳直接暴露在空气中,极易受湿、热、虫等影响而变质,从而影响了大米的外观品质以及食味品质,易产生米质“陈化”和发霉变质甚至生虫。大米的储藏是粮食储藏学科中的一大难题,安全储藏、防止霉变、减缓品质劣变是大米储藏的重要内容。

二、常见的大米包装法

大米的包装形式是由一定的包装材料决定的,常使用的大米包装材料主要有塑料编织袋和复合塑料袋两种,由此对应的大米包装形式分为普通包装、真空包装和充气包装三种,普通包装即用塑料编织袋材料制作、加工而成;真空包装和充气包装则是由复合塑料袋材料制成。

(一) 大米的普通包装

大米的普通包装是利用聚丙烯等材料的塑料编织袋对大米进行包装,采用缝线封口,包装过程中未施加任何保鲜技术。这种包装对大米的防虫、防霉及保鲜的效果相对较差,一般只能对粮食起到容纳的作用。但由于塑料编织袋抗拉强度较强,如需包装较重的大米,多采用此种包装形式,保质期在 3 个月左右。

塑料编织袋是用塑料薄膜(用聚氯乙烯、聚乙烯、聚丙烯、聚苯乙烯以及其他树脂制成的薄膜)制成一定宽度的窄带,或用热拉伸法得到强度高、延伸率小的塑料编带编织而成。塑料编织袋比塑料膜袋的强度高得多,且不易变形,耐冲击性也好,同时由于编织袋表面有编织纹,提高了防滑性能,便于储存时的堆码。重量在 5 kg 以上的大米的包装几乎全用塑料编织袋材料。

使用塑料编织袋来包装大米,包装方式简单,但存在材料防潮性差、阻隔性差的缺点,易造成大米氧化、霉变,出现严重的虫害,尤其在夏季其储存期更短。

(二) 大米的真空包装

采用真空包装,可以降低储藏包装内的 O_2 浓度,抑制大米的呼吸强度和霉菌的繁殖,防止大米“陈化”、发霉、生虫等,更好地保持大米的品质。目前大米真空包装选用的真空度一般在 -0.07 kPa~-0.09 kPa 之间。由于真空度较大,包装材料紧紧包裹大米,包装袋很容

易被米粒扎破,致使真空包装失效。在流通过程中袋与袋之间的摩擦、碰撞和跌落也很容易造成包装袋破漏。所以在对大米进行保鲜包装的同时要和流通环境结合起来,这样才能取得良好的效果。

(三) 大米的充气包装

充气包装一般充入的是 CO_2 和 N_2,它们都是无色、无臭、无毒的气体,化学性质比较稳定。大米具有吸附 CO_2 的能力,能形成保护层,使大米处于"睡眠"状态,从而脂肪酸、总酸、还原糖、黏度变化相对较小,延长了有效保质期;充 N_2 降低了储藏环境的 O_2 浓度,抑制了大米中微生物的生长,对于减缓品质的变化起着重要的作用。大多研究表明,充气包装能够有效地保持大米品质,防止大米的霉变和生虫。

真空包装和充气包装都是由复合塑料袋制作的。复合塑料袋是由高阻隔性包装材料 EVOH、PVDC、PET、PA 与 PE、PP 等多层塑料复合,这种包装比塑料编织袋包装的防潮、防霉、防虫效果都要好。另外,图案、商标印刷很清楚,文字、条码清晰可见,容易吸引顾客,促进销售。重量在 5 kg 以下的大米的包装绝大多数用复合塑料袋。

使用复合塑料袋来包装大米,一般辅以抽真空或充气技术后热封。由于材料本身的致密性和抽真空、充气处理,基本上解决了大米包装上的防霉、防虫、保质问题,具备一定推广、实用价值。但复合袋包装在封口热合时易出现起皱现象,会影响包装袋的美观度。另外,复合袋的抗压强度不够,一些采用充气方式的包装在运输过程中经常会出现破袋现象,从而影响大米的保质期。再有,塑料袋由于不易降解,后处理较难,以及塑料制品的有毒性使塑料袋使用受到一定的制约。

第三部分 新概念、新技术、新标准

扫描二维码,
了解新概念、新技术、新标准

第四部分 拓展知识

扫描二维码,
学习更多知识

项目 **5**
农产品配送管理

 项目概况

农产品配送是配送作业的最后一个环节,也是直接面对面接触客户的一个环节。如何快速高效地将绿色健康的农产品送到客户指定的地点,是农产品配送要解决的重要问题。拣货作业完毕后,安排哪一辆冷藏车、哪一位驾驶员、哪一位配送员、走哪一条路最省钱等都属于车辆调度问题;如何装车、先装什么、再装什么、怎么装牢固、怎么装节约空间、如何保障农产品质量安全等都属于装车配载问题;如何与客户沟通、如何交接等都属于配送交接问题。本项目主要解决以上三大问题。

 项目内容

项目任务	相关知识	新概念、新技术、新标准
5.1 车辆调度管理	车辆调度相关知识	新技术:北斗卫星导航系统
5.2 装车配载管理	装车配载相关知识	新技术:智能传感器让运输可视化 新标准:鲜(冻)食用农产品社区配送服务规范
5.3 配送交接管理	配送交接相关知识	新概念:无接触配送 新技术:5G 赋能物流与交通行业 新标准:即时配送服务规范

 项目目标

(1)知识目标:掌握车辆调度的要求,掌握节约里程法的原理与应用方法;掌握装车配载的概念及原则,掌握厢式货车配载的方法,掌握冷藏车使用操作技巧;熟悉农产品配送的流程,掌握退货的处理流程,熟悉农产品配送的注意事项,掌握客户投诉的处理方法。

(2)技能目标:能根据配送任务,制定合理的车辆调度方案、装车配载方案、配送员服务规范。

（3）价值目标：公而忘私，追求最优；遵守原则，追求高效；信守承诺，彬彬有礼。

相关岗位

调度主管
岗位职责：高效、合理地安排车辆使用，协调客户与车队之间的运作、部门与部门之间的运作；对司机群体有一定的了解，做到公正、公平及合理地安排每个司机的工作，以达到安全、高效的目的；将车辆运作进度及时反馈给客户，与客户进行有效沟通，以确保农产品安全送达；对在营运中车辆的状况有全面的了解，以避免及排除车辆安全隐患；高效地管理供应商，降低综合成本；处理突发事件，及时完成领导交办的其他相关任务，保障公司服务品质。 　　**任职资格：**专科学历及以上，具备 3 年以上相关工作经验，1 年以上团队管理经验；良好的职业操守和敬业精神，团队意识强；对常见配送车型、装卸货流程熟悉；有驾照；身体健康，年龄原则上不超过 30 周岁，条件优秀者可放宽至 35 周岁。 　　**职业发展：**调度主管一般是自调度专员晋升上来的，其职业发展方向为配送经理。成为配送经理，需要更加丰富的专业知识，更强大的沟通能力、组织协调力等素质。 　　**薪资待遇：**调度主管的薪酬一般在 0.8 万～1.5 万每月，具体待遇因公司发展现状不同而相差较大。

调度专员	配送专员
岗位职责：根据要求编制派车单和送货单；负责公司车辆的调度，对司机出车路程、次数等进行安排；协调司机、用车人员时间，完善派车单内容；收集配送相关的数据，形成数据源，进行数据分析；针对配送产生的问题，进行汇总分析，找到解决方案；下游对接司机，做好司机沟通协调工作；完成上级领导交代的任务。	**岗位职责：**装车送货前清点农产品数量，确保与送货单据一致，确保包装无损，送到目的地与客户进行交接，返回后单据交办公室；装车卸车时，爱惜果蔬、轻拿轻放，减少操作损耗，杜绝浪费，整齐堆砌农产品，合理利用冷藏车厢空间，尽力提高车辆容积利用率；配送途中，根据农产品特性，保障农产品新鲜。
任职资格：中专或高中以上学历；具备 1 年以上相关工作经验；熟练操作 OFFICE，具备物流的基本知识以及技能，熟悉调度作业工作流程；具备良好的沟通能力；学习能力强；工作认真、细致，具有工作责任心。	**任职资格：**中专或高中以上学历，有健康证；具备 1 年以上相关工作经验；具备物流的基本知识以及技能，熟悉配送作业工作流程；具备良好的沟通能力；学习能力强；工作认真、细致，吃苦耐劳，具有工作责任心。
职业发展：调度专员一般是以校园招聘或社会招聘为主，其职业发展方向为调度主管。	**职业发展：**配送专员一般是以校园招聘或社会招聘为主，其职业发展方向为配送主管。
薪资待遇：调度专员薪酬一般在 0.8 万～1.2 万每月，具体待遇因公司发展现状不同而相差较大。	**薪资待遇：**配送专员薪酬一般在 0.8 万～1.2 万每月，具体待遇因公司发展现状不同而相差较大。

（备注：以上表格内容为在前程无忧网搜集、整理后的信息，仅供参考。整理时间：2021 年 12 月。）

 **任务 5.1 车辆调度管理**

任务描述

乐实农配公司现有上海爱佳实业有限公司等六家客户的订单需要安排配送,具体订单信息、各客户订单农产品重量及配送地址、乐实农配公司冷藏车辆等信息请扫描二维码获取。

假设你就是乐实农配公司的调度专员,请根据所给资料,为本批次订单制定车辆调度方案,方案内容包括:合适的配送车辆、合适的送货人员、合适的配送路线、本批次配送成本、派车单和发货单等。另假设调度部的刘军、鲁明两位是你最要好的朋友。

扫描二维码,获
取任务资料

任务目标

知识目标:熟悉车辆调度的要素,掌握车辆调度的要求,掌握节约里程法的原理与应用方法;

技能目标:能根据车辆调度任务,制定合理的车辆调度方案;

价值目标:具备"公而忘私、追求最优"的职业素养。

成果要求

《乐实农配公司某批次任务车辆调度方案》。

建议学时

3 学时,其中线上 1 学时,线下 2 学时。

第一部分 任务实施

一、工作流程

作业名称	车辆调度管理	职能	车辆调度
作业部门	调度部	涉及部门	无
目的	规范车辆调度的流程,提高车辆调度水平		
操作规范			

工作流程图	操作说明
接车辆调度工作任务	**负责岗位**:调度专员 **时间节点**:随时 **涉及单据**:配送任务单/客户订单
审核配送任务清单	**负责岗位**:调度专员 **时间节点**:接车辆调度任务后 **工作内容**:审核任务单,主要审核订单要求、送达时间、订单农产品种类、配送地址等
规划配送线路	**负责岗位**:调度专员 **时间节点**:车辆、驾驶员、配送专员匹配后 **工作内容**:根据配送任务,利用节约里程法规划配送线路
匹配车辆、驾驶员、配送员	**负责岗位**:调度专员 **时间节点**:配送线路规划完毕后 **工作内容**:根据配送车辆信息匹配驾驶员、配送专员
制做派车单、送货单	**负责岗位**:调度专员 **时间节点**:配送线路确定后 **工作内容**:制做派车单、送货单
交单给驾驶员、配送员	**负责岗位**:调度专员 **时间节点**:制单完成后 **工作内容**:根据分工安排,派车单交驾驶员,送货单交配送专员
完毕	

二、学习步骤

（一）课前自主学习

1. 课前思

请根据"思政小课堂"分析思考：小包的行为对吗？小包的行为会产生哪些后果？作为调度主管，小包应如何做？说说你的建议。

扫描二维码，进入思政小课堂

2. 课前学

观看任务微课，并完成小测验。相关理论知识见本教材"必备知识"部分。

3. 课前做

请通过百度地图或者高德地图调查，从上海农林学院去东方明珠有哪些路可以走？哪条路距离最短？哪条路用时最短？哪条路过路费最低？

扫描二维码，观看微课

（二）课中协作学习

1. 课中查

对课前学习任务的完成情况进行自查，根据学习不足之处，调整下一阶段的学习方法，制定新的学习策略，提升学习效果。

扫描二维码，完成小测验

2. 课中练

第一步，组建团队，明确分工。一队一般有四到六人，模拟调度部职员，各队选队长一名，模拟调度主管，负责落实任务分工、监督任务实施、收发任务资料、汇报项目成果等；各队员模拟调度专员，各队均需编制完成《乐实农配公司某批次任务车辆调度方案》。

第二步，按照第一部分的工作流程图模拟实施任务。首先，确定"课前做"环节的"农林学院到东方明珠交通线路调研"任务已完成。其次，本次任务采取团队讨论与个人分析相结合的方式，各团队成员之间可以讨论车辆调度的方法、最短配送线路的含义，但本次调度方案的制定任务由各队员单独完成。过程中，如遇问题或疑惑直接举手向教师求助。

第三步，各"加工专员"编制《乐实农配公司某批次任务车辆调度方案》。

3. 课中评

各团队依次汇报成果，各"调度主管"简述部门"调度专员"在讨论会上的表现，各"调度专员"对制定的调度方案进行说明。最后，教师对各队表现进行评价。

（三）课后探究学习

根据专业理论知识的学习及实训练习，结合自身体会撰写有一定深度的学习感悟，就学到的知识及掌握的技能在未来职业中的应用或创新发表感悟，要求 50 字以上，请在课后三日内完成。

三、学习成果

乐实农配公司某批次订单任务车辆调度方案					
任务名称	车辆调度管理	实施方法	计算	成果归属	个人
成果形式	调度方案	姓名		任务得分	

（一）车辆调度，规划配送路径（节约里程法）

（二）计算节约里程与节约成本并分析

（三）缮制派车单（如需多辆车，仅需其中一辆车的派车单即可）

（四）缮制发货单（仅需缮制其中一位客户的发货单）

扫描二维码，看视频、学知识

第二部分　必备知识

一、线路规划的方法——节约里程法

（一）节约里程法的概念

节约里程法（Saving Algorithm）又称节约算法，是指用来解决运输车辆数目不确定的VRP（Vehicle Routing Problem，车辆路径规划问题）的最有名的启发式算法。

（二）节约里程法的基本原理

节约里程法的基本思路如下图，已知 O 点为配送中心，它分别向用户 A 和 B 送货。设 O 点到用户 A 和用户 B 的距离分别为 L_a 和 L_b。用户 A 和用户 B 之间的距离为 L_{ab}，现有两种送货方案。

在图 5-1 中，配送距离为 $2(L_a+L_b)$；图 5-2 中，配送距离为 $L_a+L_b+L_{ab}$。对比这两个方案，哪个更合理呢？这就要看哪个配送距离最小，配送距离越小，则说明方案越合理。由图 5-1 中的配送距离，减去图 5-2 中的配送距离可得出：

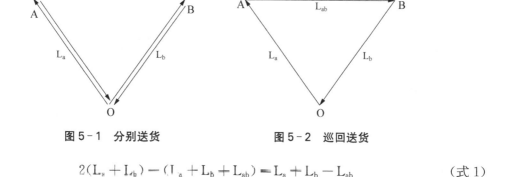

图 5-1　分别送货　　　　　　　　图 5-2　巡回送货

$$2(L_a+L_b)-(L_a+L_b+L_{ab})=L_a+L_b-L_{ab} \tag{式1}$$

如果把图 5-2 看成一个三角形，那么 L_a、L_b、L_{ab} 则是这个三角形三条边的长度。由三角形的几何性质可知，三角形中任意两条边的边长之和，大于第三边的边长。因此，可以认定(1)式中结果是大于零的。

即：
$$(L_a+L_b)-L_{ab}>0 \tag{式2}$$

由(2)式可知，图 5-2 的方案优于图 5-1 的方案，节约了 $(L_a+L_b-L_{ab})$ 的里程，这种分析方案的优劣式的思想，就是节约里程法的基本思想，基本原理即几何学中三角形一边之长必定小于另外两边之和。

（三）节约里程法核心思想

节约里程法核心思想是依次将运输问题中的两个回路合并为一个回路，每次使合并后的总运输距离减小的幅度最大，直到达到一辆车的装载限制时，再进行下一辆车的优化。优化过程分为并行方式和串行方式两种。

（四）节约里程法的应用

乐实农配公司为上海区域的农业龙头企业（配送中心地址在松江区中山二路 658 号），主要为上海各区客户提供生鲜农产品配送服务。2021 年 8 月 8 日，公司接到批次客户订单，为提高配送效率，降低配送成本，调度部决定利用节约里程法为本批次订单规划配送线路，选择最合适的车辆及人员将客户订单农产品在最快的时间运到指定地点。相关信息见表 5-1 客户订单中配送相关信息汇总表和表 5-2 公司冷藏车辆信息汇总表。

请使用节约里程法为本批次配送任务（6 个客户，客户的具体订单内容见表 2-3 至表 2-8）规划最佳的配送方案，包括：选择合适的冷藏车，安排相应的配送人员，计算本次配送行驶里程、配送成本、总节约里程、总节约成本。

表 5-1　客户订单中配送相关信息汇总表

客户名称	订单重量（吨）	配送地址	联系人	联系电话
沸腾农产品有限公司	0.9	松江区北松公路 5758 号	李飞腾	67721234
君得利农产品有限公司	0.6	闵行区联农路 589 号	赵军利	37721234
不二家农产品有限公司	0.6	青浦区汇金路 1133 号	刘鹏	27721234
永平农产品有限公司	0.6	金山区漕廊公路 8093 号	董永平	47721234
牛 A 农产品有限公司	0.8	浦东新区世纪大道 1192 号	王忠信	87721234
狗不理农产品有限公司	0.9	虹口区周家嘴路 546 号	刘二狗	97721234

表 5-2　公司冷藏车辆信息汇总表

车牌号	载重量（吨）	核定成本（元/公里）	驾驶员	配送员
沪 LS0001	1.5	2.0	秦升	刘军
沪 LS0002	1.5	2.0	吴广	高大壮
沪 LS0003	2.0	2.7	鲁明	马尔代
沪 LS0004	2.0	2.7	郑好	费力宾
沪 LS0005	2.5	3.6	武易	尹宏利,花满都
沪 LS0006	2.5	3.6	盛利	江大奎,薛之谦
沪 LS0007	3.0	4.2	马骝	姚智利,范德彪
沪 LS0008	3.0	4.2	邵丽	杜月明,武泰辉

第一步，根据百度地图或其他地图查找各配送点之间的距离，见表 5-3。

表 5-3　配送中心到用户及用户之间的最短距离

	公司（P0）						
沸腾（P1）	8	沸腾（P1）					
君得利（P2）	26	15	君得利（P2）				
不二家（P3）	30	36	41	不二家（P3）			
永平（P4）	35	40	57	55	永平（P4）		
狗不理（P5）	46	40	35	42	80	狗不理（P5）	
牛 A（P6）	47	42	33	47	81	6	牛 A（P6）

第二步，由最短距离表、节约里程公式，求得相应的节约里程数并排序。

节约里程值计算公式：

$$\Delta L = (L_a + L_b) - L_{ab}$$

其中 L_a 表示配送中心至用户 A 的距离,L_b 表示配送中心至用户 B 的距离,L_{ab} 表示客户 A 和客户 B 之间的距离。

根据公式计算本批次客户之间的节约里程值,将结果排序后见表 5 - 4。

从 P1 开始

线路 1　P0 - P1 - P2：8+26-15=19　　线路 2　P0 - P1 - P3：8+30-36=2

线路 3　P0 - P1 - P4：8+35-40=3　　线路 4　P0 - P1 - P5：8+46-40=14

线路 5　P0 - P1 - P6：8+47-42=13

从 P2 开始

线路 6　P0 - P2 - P3：26+30-41=15　　线路 7　P0 - P2 - P4：26+35-57=4

线路 8　P0 - P2 - P5：26+46-35=37　　线路 9　P0 - P2 - P6：26+47-33=40

从 P3 开始

线路 10　P0 - P3 - P4：30+35-55=10　　线路 11　P0 - P3 - P5：30+46-42=34

线路 12　P0 - P3 - P6：30+47-47=30

从 P4 开始

线路 13　P0 - P4 - P5：35+46-80=1　　线路 14　P0 - P4 - P6：35+47-81=1

从 P5 开始

线路 15　P0 - P5 - P6：46+47-6=87

表 5 - 4　节约里程排序表

序号	路线	节约里程	序号	路线	节约里程	序号	路线	节约里程
1	牛 A-狗不理	87	6	君得利-沸腾	19	11	永平-君得利	4
2	牛 A-君得利	40	7	不二家-君得利	15	12	永平-沸腾	3
3	狗不理-君得利	37	8	狗不理-沸腾	14	13	不二家-沸腾	2
4	狗不理-不二家	34	9	牛 A-沸腾	13	14	狗不理-永平	1
5	牛 A-不二家	30	10	永平-不二家	10	15	牛 A-永平	1

第三步：根据载重量限制与节约里程大小,规划配送路线,计算节约距离。

表 5 - 5　车辆规划安排表

序号	路线	节约里程	累计运量
1	P6 牛 A - P5 狗不理	87	0.8+0.9=1.7
2	P6 牛 A - P2 君得利	40	0.8+0.9+0.6=2.3
3	P5 狗不理 - P2 君得利	37	已送
4	P5 狗不理 - P3 不二家	34	0.8+0.9+0.6+0.6=2.9
5	P6 牛 A - P3 不二家	30	P6 已送
6	P2 君得利 - P1 沸腾	19	P2 已送
7	P3 不二家 - P2 君得利	15	P2 已送

（续表）

序号	路线	节约里程	累计运量
8	P5 狗不理-P1 沸腾	14	P5 已送
9	P6 牛 A-P1 沸腾	13	P6 已送
10	P4 永平-P3 不二家	10	P3 已送
11	P4 永平-P2 君得利	4	P2 已送
12	P4 永平-P1 沸腾	3	0.9＋0.6＝1.5
13	P3 不二家-P1 沸腾	2	已送
14	P5 狗不理-P4 永平	1	已送
15	P6 牛 A-P4 永平	1	已送

最终选择车型及配送线路为：

（1）线路一，安排三吨车，行驶路径为 P0－P6－P5－P2－P3，即从配送中心出发，先给牛 A 农产品有限公司送货，再给狗不理农产品有限公司送货，再给君得利农产品有限公司送货，最后给不二家农产品有限公司送货，该线路的行驶距离为 134 公里，节约里程为 161 公里，节约配送成本 161×4.2＝676.2 元

（2）线路二，安排 1.5 吨车，行驶路径为 P0－P4－P1，即从配送中心出发，先给永平农产品有限公司送货，再给沸腾农产品有限公司送货，该线路的行驶距离为 75 公里，节约里程为 3 公里，节约配送成本 3×2＝6 元。

结合各驾驶员最近的工作量，综合考虑，1.5 吨的车子安排给驾驶员吴广，配送员为高大壮；3 吨车子只有一辆，由驾驶员马骝，配送员姚智利、范德彪负责。经核算，本批次配送任务共计行驶距离 209 公里，共计配送成本 712.8 元。

表5－6　最终车辆调度结果

配送路线	车型	车牌号	驾驶员	配送员	距离（公里）	单价（元/公里）	运费（元）
配送中心-牛 A-狗不理-君得利-不二家	3T	沪 LS0007	马骝	姚智利范德彪	134	4.2	562.8
配送中心-永平-沸腾	1.5T	沪 LS0002	吴广	高大壮	75	2	150
合计					209		712.8

从以上案例可以看出，通过优化线路，在为六家客户配送的过程中，节约行驶里程为 161＋3＝164 公里，节约配送成本为 676.6＋6＝682.2 元。从这里我们不难明白，只要我们采用先进的管理方法，不断提高效率，就可以降低整个业务的成本。

根据调度结果，缮制派车单、发货单如下：

表 5-7 乐实农配公司派车单

派车单号：202108012		车型：中型货车	装载量（kg）：3 吨		月台：5	
车牌号码：沪 LS0007		车辆司机：马骝	配送员：姚智利，范德彪		客户数量：4	
序号	发货单号	客户名称	客户地址		指定时间	备注
1	202108090003	牛 A 农产品有限公司	浦东新区世纪大道 1192 号		上午 6 点前	
2	202108090004	狗不理农产品有限公司	虹口区周家嘴路 546 号		上午 6 点前	
3	202108090005	君得利农产品有限公司	闵行区联农路 589 号		上午 6 点前	
4	202108090006	不二家农产品有限公司	青浦区汇金路 1133 号		上午 6 点前	
发车日期：2021 年 8 月 9 日			派车人：			

表 5-8 乐实农配公司发货单

发货单号		202108090003		客户单位		牛 A	
联系人		王忠信		联系电话		87721234	
客户地址		浦东新区世纪大道 1192 号					
商 品 信 息							
序号	名称	等级	单位	单价（元）	数量		金额
1	米苋	一级	箱	60	5		300
2	青菜	一级	箱	70	25		1 750
3	松林猪肉	一级	箱	260	5		1 300
4	土豆	一级	箱	90	8		720
5	洋葱	一级	箱	60	25		1 500
总计	人民币大写：伍仟伍佰柒拾元整						5 570
发货时间：2021 年 8 月 9 日 制单人：刘朝顺 收货人签字：							

表 5-9 乐实农配公司发货单

发货单号		202108090004		客户单位		狗不理	
联系人		刘二狗		联系电话		97721234	
客户地址		虹口区周家嘴路 546 号					
商 品 信 息							
序号	名称	等级	单位	单价（元）	数量		金额
1	米苋	一级	箱	60	15		900
2	青菜	一级	箱	70	8		560
3	松林猪肉	一级	箱	260	3		780
4	土豆	一级	箱	90	20		1 800

（续表）

序号	名称	等级	单位	单价（元）	数量	金额
5	洋葱	一级	箱	60	20	1 200
总计	人民币大写：伍仟贰佰肆拾元整					5 240
发货时间：2021 年 8 月 9 日　制单人：刘朝顺　收货人签字：						

表 5-10　乐实农配公司发货单

发货单号	202108090005		客户单位		君得利
联系人	赵军利		联系电话		37721234
客户地址	闵行区联农路 589 号				
商 品 信 息					

序号	名称	等级	单位	单价（元）	数量	金额
1	菜心	一级	箱	50	4	200
2	洋葱	一级	箱	60	5	300
3	米苋	一级	箱	60	6	360
4	青菜	一级	箱	70	3	210
5	松林猪肉	一级	箱	260	2	520
6	土豆	一级	箱	90	5	450
总计	人民币大写：贰仟零肆拾元整					24 040
发货时间：2021 年 8 月 9 日　制单人：刘朝顺　收货人签字：						

表 5-11　乐实农配公司发货单

发货单号	202108090006		客户单位		不二家
联系人	刘鹏		联系电话		27721234
客户地址	青浦区汇金路 1133 号				
商 品 信 息					

序号	名称	等级	单位	单价（元）	数量	金额
1	菜心	一级	箱	50	8	400
2	水晶梨	一级	箱	85	5	425
3	水蜜桃	一级	箱	150	4	600
4	米苋	一级	箱	60	2	120
5	青菜	一级	箱	70	5	350
6	土豆	一级	箱	90	3	270
7	洋葱	一级	箱	60	1	60
总计	人民币大写：贰仟贰佰贰拾伍元整					2 225
发货时间：2021 年 8 月 9 日　制单人：刘朝顺　收货人签字：						

表 5-12 乐实农配公司派车单

派车单号：202108015		车型：中型货车	装载量(kg)：1.5 吨		月台：7	
车牌号码：沪 LS0002		车辆司机：吴广	配送员：高大壮		客户数量：2	
序号	发货单号	客户名称	客户地址		指定时间	备注
1	202108090008	永平农产品有限公司	金山区漕廊公路 8093 号		上午 6 点前	
2	202108090009	沸腾农产品有限公司	松江区北松公路 5758 号		上午 6 点前	
发车日期：2021 年 8 月 9 日			派车人：			

表 5-13 乐实农配公司发货单

发货单号		202108090008		客户单位		永平
联系人		董永平		联系电话		47721234
客户地址		金山区漕廊公路 8093 号				
商 品 信 息						
序号	名称	等级	单位	单价(元)	数量	金额
1	菜心	一级	箱	50	6	300
2	洋葱	一级	箱	60	2	120
3	米苋	一级	箱	60	10	600
4	青菜	一级	箱	70	6	420
5	松林猪肉	一级	箱	260	2	520
6	土豆	一级	箱	90	15	1 350
总计		人民币大写：叁仟叁佰壹拾元整				3 310
发货时间：2021 年 8 月 9 日 制单人：刘朝顺 收货人签字：						

表 5-14 乐实农配公司发货单

发货单号		202108090009		客户单位		沸腾
联系人		李飞腾		联系电话		67721234
客户地址		松江区北松公路 5758 号				
商 品 信 息						
序号	名称	等级	单位	单价(元)	数量	金额
1	菜心	一级	箱	50	7	350
2	水晶梨	一级	箱	85	2	170
3	水蜜桃	一级	箱	150	3	450
4	蒙牛酸奶	一级	箱	25	10	250

（续表）

序号	名称	等级	单位	单价（元）	数量	金额
5	米苋	一级	箱	60	2	120
6	青菜	一级	箱	70	2	140
7	松林猪肉	一级	箱	260	1	260
8	土豆	一级	箱	90	4	360
总计	人民币大写：贰仟壹佰元整					2 100
发货时间：2021年8月9日　制单人：刘朝顺　收货人签字：						

第三部分　新概念、新技术、新标准

扫描二维码，
了解新概念、
新技术、新标准

第四部分　拓展知识

扫描二维码，
学习更多知识

 **任务 5.2 装车配载管理**

扫描二维码,
获取任务资料

任务描述

乐实农配公司驾驶员邵丽,配送专员杜月明、武泰辉接到一批配送任务,要求给恒富、绿健、天天等三家客户送货,三人看了下派车单和发货单,喝了口水,鼓足干劲,准备开始装车。派车单、发货单信息请扫描二维码。

请你以乐实农配公司配送专员的身份拟定一份《农产品装车配载方案》,要求至少包括绘制农产品配载图、装车前的准备工作、装车中的主要工作、装车后的注意事项等。

任务目标

知识目标：掌握装车配载的概念及原则,掌握冷藏车使用操作技巧;

技能目标：能根据配送任务,制定合理的装车配载方案;

价值目标：具备“遵守原则、追求高效”的职业素养。

成果要求

《乐实农配公司农产品装车配载方案》。

建议学时

3 学时,其中线上 1 学时,线下 2 学时。

 农产品配送管理

第一部分 任务实施

一、工作流程

作业名称	装车配载管理	职能	装车配载
作业部门	调度部	涉及部门	无
目的	规范装车配载流程,提高车辆装载水平		

<table>
<tr><th colspan="2">操 作 规 范</th></tr>
<tr><th>工作流程图</th><th>操作说明</th></tr>
<tr>
<td>

接到农产品配
送任务工作

↓

核对单据信息
与农产品信息

↓

信息是 ——否—→ 查找原因
否准确 解决问题

↓是

规划装车配载
方案

↓

冷藏车清洁
工作

↓

冷藏车预冷

↓

装车配载

↓

完毕
</td>
<td>

负责岗位: 驾驶员、配送专员
时间节点: 随时
涉及单据: 派车单、送货单

负责岗位: 驾驶员、配送专员
时间节点: 接配送任务后
工作内容: 驾驶员审核派车单信息,配送专员核对送货单及待送农产品信息

负责岗位: 驾驶员、配送专员
协调岗位: 调度主管
工作内容: 如遇问题,找调度主管协调解决

负责岗位: 配送专员
时间节点: 核对单据及农产品无误后
工作内容: 根据送货顺序及农产品特点规划装车方案

负责岗位: 驾驶员
时间节点: 核对单据无误后
工作内容: 做好冷藏车的清洁工作

负责岗位: 驾驶员
时间节点: 车辆清洁后
工作内容: 根据农产品冷藏要求,装车前提前预冷

负责岗位: 配送专员
时间节点: 配载方案制定后
工作内容: 根据装车方案装卸配载,注意配载原则
</td>
</tr>
</table>

扫描二维码,进
入思政小课堂

二、学习步骤

(一)课前自主学习

1. 课前思

请根据"思政小课堂"分析思考:使用冷藏车前为什么要提前预冷? 规范
使用冷藏车还有哪些注意事项?

2. 课前学

观看任务微课,并完成小测验。相关理论知识见本教材"必备知识"部分。

扫描二维码,
观看微课

3. 课前做

前往附近农产品配送中心或者大型超商收货区开展调研,调研内容:在
配送生鲜蔬菜时,是否使用了冷藏车? 如果使用冷藏车,何时启动制冷设备,
在配送装车前启动还是在配送途中启动? 启动制冷设备后成本有多大
变化?

(二)课中协作学习

1. 课中查

对课前学习任务的完成情况进行自查,根据学习不足之处,调整下一阶段
的学习方法,制定新的学习策略,提升学习效果。

扫描二维码,
完成小测验

2. 课中练

第一步,组建团队,明确分工。一队一般有四到六人,模拟调度部职员,各队选队长一
名,模拟调度主管,负责落实任务分工、监督任务实施、收发任务资料、汇报项目成果等;各队
员模拟配载专员,均需编制完成《乐实农配公司农产品装车配载方案》。

第二步,按照第一部分的工作流程图模拟实施任务。首先,确定"课前做"环节的"装车
配载小调研"任务已完成。其次,本次任务采取团队讨论与个人分析相结合的方式,各团
队成员之间可以讨论车装车配载的方法或技巧,但本次配载方案的制定任务由各队员单
独完成。过程中,如遇问题或有疑惑直接举手向教师求助。

第三步,各"配载专员"编制《乐实农配公司农产品装车配载方案》。

3. 课中评

各团队依次汇报成果,各"调度主管"简述部门"配载专员"在讨论会上的表现,各"配载
专员"对制定的配载方案进行说明。最后,教师对各队表现进行评价。

(三)课后探究学习

根据专业理论知识的学习及实训练习,结合自身体会撰写有一定深度的学习感悟,就学
到的知识及掌握的技能在未来职业中的应用或创新发表感悟,要求 50 字以上,请在课后三
日内完成。

三、学习成果

乐实农配公司农产品装车配载方案					
任务名称	装车配载管理	实施方法	市场调研＋方案设计	成果归属	个人
成果形式	配载方案	姓名		任务得分	

（一）绘制农产品配载图

（二）装车前的准备工作

（三）装车中的主要工作

（四）装车后的注意事项

第二部分　必备知识

一、农产品装车配载

（一）农产品装车配载的相关概念

1. 农产品装车配载

农产品装车配载简称农产品装载，包括配装和配载，指将客户订单农产品按照一定的装车顺序、一定的堆放规则装到配送车辆上。装载时既要考虑充分利用车辆的容积，还要充分接近车辆的载重量；既要考虑农产品的质量安全，还要考虑不同客户的卸货顺序，以实现车辆利用率的提高。需要注意的是，充分提高车辆装载率并不代表可以超载，超载是违法行为，配送人员绝不可以超载上路。

2. 配装

由于农产品配送作业本身的特点，配送工作的运输工具一般为厢式冷藏货车。因配送农产品的体积、形状、包装形式和比重各异，因此，在装车时，不但要考虑车辆的载重，还要考虑车辆的容积，使得车辆的载重和容积利用率最大。农产品配装作业是指在装载农产品时，为了充分利用运输工具的载重量和容积率，采用合理方法进行装载。车辆配装技术要解决的主要问题就是在充分保证农产品品质、外形和包装完好的情况下，尽可能地提高车辆的载重和容积利用率，以提高车辆的利用率，达到节约运输费用、节省运力的目的。

3. 配载

很多时候接到的农产品配送服务是小批量、多批次的，单个客户的配送数量往往达不到车辆的有效载运负荷。因此，进行配送时，要尽量把同一客户的多种农产品或多个客户的农产品搭配进行装载，使载运工具的负荷最大化。此外，通过装配作业可以降低送货成本，提高车辆运力的利用率。但是由于配送农产品品种繁多、特性各异，在运输过程中的作业要求和操作工艺不可能完全一样，为保证配送服务质量，就应该选择合适的配送车辆类型，必要时还可能要分别配送。车辆配载技术要解决的主要问题就是，在充分保证货物质量和数量完好的情况下，尽可能使车辆满载行驶。

4. 配载与配装的区别

配载与配装都是为了尽可能地提高车辆的利用率。但是，配装强调的是装车环节，强调如何有效利用车辆的装载空间，它的研究对象主要是货物装载过程。而配载强调的是从装车后一直到货物送达这整个过程中某一车辆的有效荷载是否被有效利用，它研究的是车辆的配载过程。配装强调的是装，货物如何装车就是配装需要解决的问题，而配载强调的是载，如何更好地调度车辆进行搭配就是配载要研究的问题。

（二）农产品装载的原则

（1）装车的顺序：先送后装，即首先送达的客户最后一个装车，最后一个送达的第一个装车，装车过程中，涉及多家客户的，不同客户的农产品应做好标记，以防卸货时出现错误。

（2）轻重搭配：重不压轻。在堆砌过程中，重的农产品不能放在轻的上面，也就是说，重的在下面，轻的在上面，这样既能保护农产品质量，又稳固。

（3）大小搭配：大不压小。在堆砌的过程中，包装较大的不能放在小包装的上面，也就是说，大包装的放在下面，小包装放在上面，这样既能保护农产品质量，又稳固。

（4）农产品性质搭配原则：三一致原则，即农产品性质一致、保鲜方法一致、消防方法一致。容易串味的农产品不能放在一起，比如洋葱和马铃薯不能放一起：洋葱味道较大，和马铃薯一起存放会被其气体气味影响；苹果和西瓜不能放一起，苹果本身会释放乙烯气体，和西瓜放一起会催熟西瓜，让本来成熟的西瓜变烂。

（5）到达同一地点的适合配载的农产品应尽可能一次积载。这样既可以提高车子的装载率，还有利于提高配送作业效率。

（6）确定合理的堆码层次与方法。在堆放农产品时，应根据农产品包装质量确定堆码层数，一般包装上有最大堆码层数标识，不能超过堆码层数，以防因包装破裂导致农产品的质量变化。

（7）积载时不允许超过车辆所允许的最大载重量。装载农产品以最大程度接近核定载重量为目标，但不能超过车辆核定载重量。

（8）积载时车厢内货物重量应分布均匀。装载农产品时，应根据农产品的重量合理规划装载区域，避免出现重的都在车辆一侧的情况，以防行程过程中发生侧翻。

二、冷藏车使用指南

（一）预防性维护和保养

只有按时对设备进行正确的维护和保养，才能保证设备的正常使用和延长设备的使用寿命。通常底盘发动机是按照行驶里程进行维护和保养的，而冷冻机组是按照发动机工作小时制定维护和保养的。通常的制冷机组是500～700小时进行一次维护和保养，需要更换机油滤芯、燃油滤芯、空气滤芯，并注意检查皮带的松紧度、制冷系统有无泄漏等；然而目前个别品牌的冷冻机组（如美国冷王）为了适应环保的需求，尽量减少对环境的破坏，减少有害物质的排放，采用合成机油或半合成机油来替代普通机油，从而延长了发动机的保养时间，通常按照2 000小时做一次保养，从而减少了废旧机油的排放。另外，经过科学实验证明，使用这种高端机油不仅能减少对发动机的磨损，还可以减少发动机的燃油消耗。因此，科学的维护和保养，不仅可以保证设备的完好，还可以降低营运成本。

（二）选择合适的包装

（1）对冷冻货用不通风包装箱，包装箱必须是抗压的，风吹过冷冻货物表面，会使货物中的水分损失，从而导致货物质量下降。我们国家关于散装速冻食品一律不准销售，必须包装后进行销售的规定就是出于这个道理。

（2）对生鲜货用侧壁通风的包装箱，包装箱必须抗压。生鲜物品由于其自身特点，产品在储运过程中仍然处在呼吸状态，如果不能够很好地通风，货物就会变质损坏，因此必须保证这类货物有很好地通风和换气。

（三）合理设定车厢温度

1. 装货时对车厢进行预冷或预热

因为车辆停放在露天，通常车厢温度就是外界环境温度，若所运送的货物温度不是环境温度，货物装进车厢后，环境温度就会影响运送货物的温度，从而导致运送货物的品质发生变化。因此装货前必须预冷车厢1.5小时以排走滞留在车厢内的热量，以达到所需要的温度。

2. 装货或卸货时关闭制冷机组

当把车厢预冷后,如果不关机,打开车厢门时,冷冻机组蒸发器的风扇还在工作,风扇的正面是正压,而其背面是负压,因此冷气从车厢上部吹出,而下部会将外面的热空气快速吸进来,从而导致车厢内的温度快速上升;如果关机后再装卸货物,由于风机处于停止状态,空气流动停止,车厢内外风压一致,因而使得外部热空气传递进入车厢内的速度相对减缓。

3. 装货时检查货物温度

许多冷藏车的使用者都有一个错误的概念,总认为冷藏车上的冷冻机组是可以随意将装入车厢内的货物冷冻或加热至其所需要的温度,因此把不足运输温度要求的货物装入车厢,再将制冷机组设定到其所需要的运输温度,通过一定时间将货物温度降至或升至其所需要的温度。然而货物不但温度降不下来(或升不上去),反而使货物损坏或变质。因为冷藏车的制冷机组不是降低货物温度的,而是维持货物温度的。当外界的冷(热)源通过辐射、传导、对流到厢体内,被制冷机组吹出的冷气带走,隔绝热源进入货物。因此在装货时,必须先测量所装货物的温度,如果制冷机组的设定点温度高于或低于货物温度,车厢内的货物温度都很难达到运输所需要的温度。货物的储存温度与运输温度必须一致,如果货物温度经常变化,水分就会流失,就会导致货物发生品质变化,从而导致货物的货架期缩短。

(四) 保证空气流通

即使机组容量超过实际所需,空气流通不足也会是导致物品变质的主要原因,货物周围任何阻塞都可能导致"热点"的出现。一部合格的冷藏车,必须保证车厢六面有较好的通风,货物六面没有任何阻塞。冷冻机组吹出的冷(热)气体将外界进入车厢的冷(热)源与货物隔绝开来,从而保护了货物。如果某一位置发生阻塞,该部分的冷(热)源就会直接进入物品,导致货物温度发生变化。

1. 避免地板阻塞

货物必须堆放在双面托板上;保鲜货托板上不能包塑料膜,膜会阻挡循环冷气流通至货物;不可阻塞货物下的地板。一般的冷藏车地板都是采用带通风的铝导轨地板,但是也有一些冷藏车是不带铝导轨的,是采用平的防滑地板。通常第三方运输企业或用于奶制品的企业运输车是采用平的防滑地板,因其适合于多种产品的运输,或便于清洗地面。但是装货时必须注意,一定要用双面托板来装货,以保证地面冷空气的流通,严禁将货物直接堆放在平面的地板上。

2. 避免蒸发器出口堵塞

不要在蒸发器出口前堆放货物,货物上方的阻塞会导致冷气流短路。在货物顶部和车顶之间保持最小 225 毫米的距离。装货时,不要将货物堆得太高,一定要保证装货高度不高于出风口的平面高度。如果出风口前面被货物挡住或离货物人近,不但会影响货物的储运温度,还会影响冷冻机组的正常工作。

如果出风口被货物堵塞,一方面冷气(或热气)不能正常在车厢内循环,导致货物局部温度升高。另一方面,由于冷冻机组的除霜设计有些是采用空气感应除霜,当货物与出风口太近,机组蒸发器内的盘管会快速结霜(或冰),空气感应开关随即被开启,机组会迅速进入除霜状态,当盘管温度回升至 9 摄氏度(设计温度)左右,除霜立即结束,于是机组就会出现循环往复地进行上述操作的现象,从而导致厢体内温度降不下来的现象,给大家的直观感觉就是机组总是频繁除霜,其实是由于货物装的太高(多)所致。

(五)保持车厢内部洁净

使用冷藏车时,应该保持车厢内部的洁净。地面不应留有包装纸和纸屑,碎屑会阻碍空气流动或被蒸发器吸入。由于蒸发器风扇的作用,空气会在车厢内循环,导致地面的碎屑或脏东西被蒸发器风机吸入,长时间的作用会使大量的杂质吸入到蒸发器盘管内,导致盘管的热交换率下降,从而影响制冷机组的制冷效果。所以冷藏车使用几年后大家会感觉制冷效果不如开始,除本身故障原因外,就是因为盘管太脏所致,因此保证车厢里地面的洁净是保证制冷机组正常工作的关键。

(六)其他正确的使用和操作

搬运得当;尽可能缩短车门打开的时间;对于市内配送车辆,建议使用条形门帘,以保证快速卸货时(在不关闭冷冻机组时),车厢内的冷气不会快速散失出去;不同温度的货物严禁存放在同一车厢空间内,应该用隔板分开摆放,比如用隔板来分开干货(空栏筐)和易腐物品。正确操作和使用冷藏车,是保证温控货物品质的关键,也是保证制冷设备能够正常工作的基本条件。

三、农产品装车配载例题

请根据表格 5-15 至表格 5-17,为该批配送任务制定农产品装车配载方案。

表 5-15　乐实农配公司派车单

派车单号:202108015		车型:中型货车	装载量(kg):1.5 吨		月台:7	
车牌号码:沪 LS0002		车辆司机:吴广	配送员:高大壮		客户数量:2	
序号	发货单号	客户名称	客户地址		指定时间	备注
1	202108090008	永平农产品有限公司	金山区漕廊公路 8093 号		上午 6 点前	
2	202108090009	沸腾农产品有限公司	松江区北松公路 5758 号		上午 6 点前	
发车日期:2021 年 8 月 9 日			派车人:			

表 5-16　乐实农配公司发货单

发货单号		202108090008		客户单位		永平
联系人		董永平		联系电话		47721234
客户地址		金山区漕廊公路 8093 号				
商 品 信 息						
序号	名称	等级	单位	单价(元)	数量	金额
1	菜心	一级	箱	50	6	300
2	洋葱	一级	箱	60	2	120
3	米苋	一级	箱	60	10	600
4	青菜	一级	箱	70	6	420
5	松林猪肉	一级	箱	260	2	520
6	土豆	一级	箱	90	15	1 350
总计		人民币大写:叁仟叁佰壹拾元整				3 310
发货时间:2021 年 8 月 9 日　制单人:刘朝顺　收货人签字:						

表 5-17　乐实农配公司发货单

发货单号	202108090009		客户单位		沸腾
联系人	李飞腾		联系电话		67721234
客户地址	松江区北松公路 5758 号				
商品信息					
序号	名称	等级	单位	单价（元）	数量	金额
1	菜心	一级	箱	50	7	350
2	水晶梨	一级	箱	85	2	170
3	水蜜桃	一级	箱	150	3	450
4	蒙牛酸奶	一级	箱	25	10	250
5	米苋	一级	箱	60	2	120
6	青菜	一级	箱	70	2	140
7	松林猪肉	一级	箱	260	1	260
8	土豆	一级	箱	90	4	360
总计	人民币大写：贰仟壹佰元整					2 100
发货时间：2021 年 8 月 9 日　制单人：刘朝顺　收货人签字：						

（一）绘制农产品配载图

首先，根据派车单信息，本次配送任务共两家客户，分别为永平和沸腾农产品有限公司，配送顺序为先送永平，再送沸腾，根据先装后卸原则，应先装沸腾的货，再装永平的货。注意，装完沸腾的货后，要做好标记，再装永平的货，以提高卸车的准确率。

其次，根据发货单信息，确定配装方案。先根据沸腾的发货单，构思配装方案，一般情况下，按照蔬菜、水果、肉制品分类堆放。

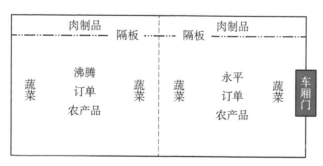

图 5-3　乐实农产品配载图

（二）装车前的准备工作

车辆驾驶员应于发车前检查车况，确保车辆安全无故障，检查车厢卫生情况，确保车厢整洁卫生，没有任何包装纸和纸屑。

车辆驾驶员应于装车前 1.5 小时预冷车厢，根据配送农产品保质保鲜的需求，将车厢温

度降至公司规定的温度区间。

车辆驾驶员应提前熟悉配送线路，了解路况信息，备好派车单等单据。

配送员熟悉派车单、发货单信息，确定发货单上的农产品已备齐，并符合发车条件。

（三）装车中的主要工作

驾驶员在装货时（卸货一样）关闭制冷机组，以确保车厢内外风压一致，减缓外部热空气传递进入车厢内的速度；

配送员在装车时，确定冷藏车温度符合公司规定，以确保农产品的品质，并应提高装车效率，尽可能缩短车门打开的时间；

原则上，不同保鲜温度的货物严禁存放在同一车厢空间内。如因特殊情况需要将不同保鲜温度放在同一车厢的，应该用隔板分开摆放。混装不同温度的货物，会影响物品的温度，导致货品质量受到影响；

装载农产品时，应用双面托板，以保证地面冷空气的流通，严禁将货物直接堆放在平面的地板上；

装货时，不要将货物堆的太高，一定要保证装货高度不高于出风口的平面高度。如果出风口前面被货物挡住或离货物太近，不但会影响货物的储运温度，还会影响冷冻机组的正常工作。

（四）装车后的注意事项

装车完毕后，配送员应尽快关闭车厢门，驾驶员启动制冷设备，以确保装载农产品的品质。

配送员电话告知客户，农产品已发货，请客户等待接货。

第三部分　新概念、新技术、新标准

扫描二维码，
了解新概念、新技术、新标准

第四部分　拓展知识

扫描二维码，
学习更多知识

任务 5.3　配送交接管理

任务描述

2020 年,突发的新冠疫情改变了人民的生活习惯,越来越多的消费者开始习惯网上购买农产品,叮咚买菜、美团买菜等一批生鲜电商迅猛发展起来。在人民生活节奏日益加快的环境下,消费者不仅关注农产品配送的时效性,还关注农产品配送服务的质量。农产品配送服务的质量已成为制约各大平台持续发展的重要因素,按时送达、保质保量、优质服务是农产品配送公司的生命线。

请为乐实农配公司制定《配送员服务规范》,要求至少包括配送前的服务规范、配送到达时的服务规范、配送交接时的服务规范和配送结束离开时的服务规范。服务规范可以从着装、语言、动作、表情等方面展开。

任务目标

知识目标:熟悉农产品配送的流程,掌握退货的处理流程,熟悉农产品配送的注意事项,掌握客户投诉的处理方法;

技能目标:能根据客户特点,制定公司配送员服务规范;

价值目标:具备"信守承诺、彬彬有礼"的职业素养。

成果要求

《乐实农配公司配送员服务规范》。

建议学时

3 学时,其中线上 1 学时,线下 2 学时。

第一部分　任务实施

一、工作流程

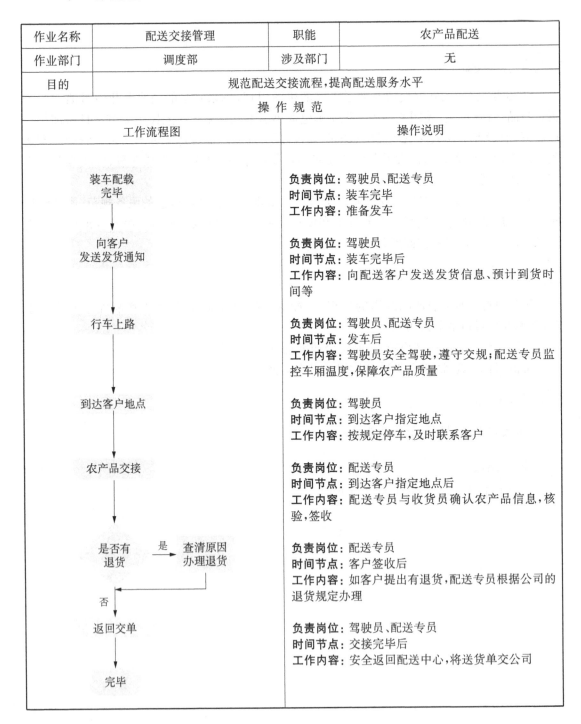

作业名称	配送交接管理	职能	农产品配送
作业部门	调度部	涉及部门	无
目的	规范配送交接流程,提高配送服务水平		

操 作 规 范

工作流程图	操作说明
装车配载 完毕	**负责岗位:** 驾驶员、配送专员 **时间节点:** 装车完毕 **工作内容:** 准备发车
向客户 发送发货通知	**负责岗位:** 驾驶员 **时间节点:** 装车完毕后 **工作内容:** 向配送客户发送发货信息、预计到货时间等
行车上路	**负责岗位:** 驾驶员、配送专员 **时间节点:** 发车后 **工作内容:** 驾驶员安全驾驶,遵守交规;配送专员监控车厢温度,保障农产品质量
到达客户地点	**负责岗位:** 驾驶员 **时间节点:** 到达客户指定地点 **工作内容:** 按规定停车,及时联系客户
农产品交接	**负责岗位:** 配送专员 **时间节点:** 到达客户指定地点后 **工作内容:** 配送专员与收货员确认农产品信息,核验,签收
是否有退货 → 是 查清原因办理退货	**负责岗位:** 配送专员 **时间节点:** 客户签收后 **工作内容:** 如客户提出有退货,配送专员根据公司的退货规定办理
否 返回交单	**负责岗位:** 驾驶员、配送专员 **时间节点:** 交接完毕后 **工作内容:** 安全返回配送中心,将送货单交公司
完毕	

二、学习步骤

(一) 课前自主学习

1. 课前思

请根据"思政小课堂"分析思考：如果你是邵丽，你会怎么做？超速行驶可行吗？对配送公司来说，如何实现精准送达的服务承诺？

扫描二维码，进入思政小课堂

2. 课前学

观看任务微课，并完成小测验。相关理论知识见本教材"必备知识"部分。

3. 课前做

你接到过推销电话吗？你知道如何有礼貌地接打电话吗？在商务场合，接打电话有什么讲究和学问呢？请查阅资料，学习电话礼仪，并以你是某农产品配送公司客服人员为例，编写接打电话标准用语。

扫描二维码，观看微课

(二) 课中协作学习

1. 课中查

对课前学习任务的完成情况进行自查，根据学习不足之处，调整下一阶段的学习方法，制定新的学习策略，提升学习效果。

扫描二维码，完成小测验

2. 课中练

第一步，组建团队，明确分工。一队一般有四到六人，模拟调度部职员，各队选队长一名，模拟调度主管，负责落实任务分工、监督任务实施、收发任务资料、汇报项目成果等；各队员模拟配送专员，均需编制完成《乐实农配公司配送员服务规范》。

第二步，按照第一部分的工作流程图模拟实施任务。首先，确定"课前做"环节的"电话礼仪小练习"任务已完成。其次，本次任务采取团队讨论与个人分析相结合的方式，各团队成员之间可以讨论配送交接的流程，及突发问题的处理，但本次服务规范的撰写任务由各队员单独完成。过程中，如遇问题或疑惑直接举手向教师求助。

第三步，各"配送专员"编制《乐实农配公司配送员服务规范》。

第四步，各"配送专员"按照自己制定的服务规范模拟农产品配送交接过程。

3. 课中评

各团队依次汇报成果，各"调度主管"简述部门"配送专员"在讨论会上的表现，各"配送专员"对制定的调度方案进行说明。最后，教师对各队表现进行评价。

(三) 课后探究学习

根据专业理论知识的学习及实训练习，结合自身体会撰写有一定深度的学习感悟，就学到的知识及掌握的技能在未来职业中的应用或创新发表感悟，要求 50 字以上，请在课后三日内完成。

三、学习成果

乐实农配公司农产品配送服务规范					
任务名称	配送交接管理	实施方法	方案设计＋模拟操作	成果归属	个人
成果形式	服务规范	姓名		任务得分	

扫描二维码，
看视频、学知识

第二部分　必备知识

一、农产品配送的流程

如前所述，农产品配送是指按照农产品消费者的需求，在农产品配送中心、农产品批发市场、连锁超市或其他农产品集散地进行加工、整理、分类、配货、配装和末端运输等一系列活动，最后将农产品交给消费者的过程。农产品配送是一种直接面向客户的终端运输，客户的要求是农产品配送活动的出发点。农产品配送的实质是送货，但它以分拣、配货等理货活动为基础，是配货和送货的有机结合。

本项目任务所谈的农产品配送是在完成订单处理、加工包装、分拣作业、装车配载等一系列工作之后的实质性配送环节，也称为送货。送货是一种联结客户的末端运输，主要使用汽车运输工具把订单农产品送达客户指定的场所。送货不单纯是把农产品运抵客户，还包括圆满的移交、卸货、堆放等服务，以及处理相关手续和结算等。送货主要包括开车上路、途中管理、送达交接、返回交单等环节。

（一）开车上路

1. 配送车辆车况检查

为保证驾驶员、送货人员的安全，以及配送农产品的安全，在配送车辆上路前应进行行车况检查。原则上每周开展一次车辆检查，分为静态检查和路试检查。

静态检查包括检查各类行车证件是否齐全有效、安全带是否完好有效、离合及换挡操作是否正常、方向盘转向系统是否正常、刹车系统是否正常、轮胎气压是否正常等 22 个检查项目。具体见表 5-18。

表 5-18　配送车辆静态检查内容

序号	检查项目	检查内容	检查结果
1	行车证件	各类行车证件是否齐全有效，如行驶证、营运证	□正常　□不正常
2	安全带	是否完好有效	□正常　□不正常
3	离合及换挡操作情况	是否正常	□正常　□不正常
4	转向系统	方向盘自由度、紧度是否适当	□正常　□不正常
5	刹车系统	刹车板踏度是否适当，制动距离是否达到安全要求	□正常　□不正常
6	轮胎	气压是否适当，有无特别的耗损及损伤，备胎是否完好	□正常　□不正常
7	底盘、钢板总成	1. 钢板是否断裂 2. 传动部件是否紧固	□正常　□不正常
8	引擎	1. 注意排气的颜色有没有异常 2. 水箱的水、油箱的油是否适当，有无滴漏 3. 运转声音有无异常，润滑油是否合适	□正常　□不正常

(续表)

序号	检查项目	检查内容	检查结果	
9	电路、油路	1. 点火是否正常,有无漏电现象 2. 油路是否畅通,有无漏油现象	□正常	□不正常
10	喇叭	是否正常	□正常	□不正常
11	雨刮器	是否正常	□正常	□不正常
12	车门锁	开、锁是否正常	□正常	□不正常
13	左、右及车内后视镜	是否完好无损、反照清楚	□正常	□不正常
14	车灯	左右转向灯、刹车灯、近远光灯、应急灯是否完好无损,工作正常	□正常	□不正常
15	车牌照	是否完好无损、号码清晰	□正常	□不正常
16	仪表指示	是否完好无损,是否正常	□正常	□不正常
17	车辆外观	车容外观是否整洁,反光标志是否完整有效	□正常	□不正常
18	制冷系统	制冷效果是否良好,温度显示有无异常	□正常	□不正常
19	车辆常备工具	千斤顶1个	□正常	□不正常
20		灭火器1个	□正常	□不正常
21		停车应急三角警示牌1个	□正常	□不正常
22		三角木2个	□正常	□不正常

路试检查指动态检查,通过发动车辆行驶一段距离后开展车况检查,主要包括方向盘正位时车辆是否跑偏、方向盘是否振动,车辆转弯时转向系统是否有间隙,离合器是否打滑,制动系统是否有效等4个项目。具体见表5-19。

表5-19 配送车辆动态检查内容

序号	检查项目	动作内容	检查内容	可能的问题	检查结果
1	直线行驶	方向盘正位	是否跑偏、车轮是否摆动、发飘;方向盘是否振动	胎压不均、事故车车轮定位不准、转向系统有问题、车架变形;轮辋变形、动平衡有问题	□正常 □不正常
2	转向	过弯道	方向盘是否回正、转向系统是否有间隙	系统松旷、拉杆及球铰等	□正常 □不正常
3	离合器	挂二挡拉手刹松开离合器	发动机是否不熄火	离合器打滑或过度磨损	□正常 □不正常
4	制动系统	直线行驶点制动、持续制动	有无跑偏、甩尾、距离长等	制动系统有问题	□正常 □不正常

2. 清点单据

配送任务一般由驾驶员和送货员完成。车辆启动前,驾驶员应理清派车单、送货单等单据,确定车上农产品与单据相符,如有问题及时和调度部反馈。确认单据无误后,第一时间联系收货人,告知其配送农产品信息以及配送计划到达时间,与客户确定配送交接地点,待客户确认后,驾驶员方可启动车辆,上路行驶。

(二) 配送途中管理

1. 遵守交通法规,确保人身和货物安全

驾驶员应严格遵守交通法规,不得超载、超速,不酒后驾驶,不违章停车等。以下为《中华人民共和国道路交通安全法》节选内容:

第二十一条　驾驶人驾驶机动车上道路行驶前,应当对机动车的安全技术性能进行认真检查;不得驾驶安全设施不全或者机件不符合技术标准等具有安全隐患的机动车。

第二十二条　机动车驾驶人应当遵守道路交通安全法律、法规的规定,按照工作流程安全驾驶、文明驾驶。饮酒、服用国家管制的精神药品或者麻醉药品,或者患有妨碍安全驾驶机动车的疾病,或者过度疲劳影响安全驾驶的,不得驾驶机动车。任何人不得强迫、指使、纵容驾驶人违反道路交通安全法律、法规和机动车安全驾驶要求驾驶机动车。

第二十四条　公安机关交通管理部门对机动车驾驶人违反道路交通安全法律、法规的行为,除依法给予行政处罚外,实行累积记分制度。公安机关交通管理部门对累积记分达到规定分值的机动车驾驶人,扣留机动车驾驶证,对其进行道路交通安全法律、法规教育,重新考试;考试合格的,发还其机动车驾驶证。

第四十二条　机动车上道路行驶,不得超过限速标志标明的最高时速。在没有限速标志的路段,应当保持安全车速。夜间行驶或者在容易发生危险的路段行驶,以及遇有沙尘、冰雹、雨、雪、雾、结冰等气象条件时,应当降低行驶速度。

第四十八条　机动车载物应当符合核定的载质量,严禁超载;载物的长、宽、高不得违反装载要求,不得遗洒、飘散载运物。

2. 留意车厢温度,保障农产品质量

因农产品配送多为生鲜农产品,为保障农产品质量,在配送过程中多使用冷藏车。农产品的质量和消费者的身体健康息息相关,如果在农产品配送过程中没有有效的质量控制,容易使生鲜品的品质受到温度或湿度的影响而产生变化,滋生的各种微生物对生鲜农产品进行酸化氧化,从而缩短了农产品的保质期并且对消费者身体健康产生危害。在农产品配送过程中使用冷藏车,根据农产品保鲜需要调节冷藏车温度,实现农产品自存储至配送环节的全程恒温,确保农产品的质量不因温度变化而下降。

3. 利用智慧温湿度实时监测系统

智慧温湿度实时监测系统是用无线组网实时监测被监测环境里的温湿度值,并利用物联网云平台进行数据分析、报警、和业务管理等,为管理者实时提供信息数据,并接受远程调控操作,是智慧物流、智慧农业、智慧医疗领域的前沿技术。采用冷藏车配送农产品,将温湿度监测技术应用到冷链运输,管理人员可以通过网络随时随地对在途车厢温湿度进行监测和控制,确保农产品配送途中的温度符合农产品保鲜需求,最大程度保障农产品新鲜度。

4. 不得随意调整配送路线

农产品配送路线是调度中心根据客户下单时间、客户订单紧急情况、客户下货位置、交通道路状况、客户订单农产品数量等因素制定出来的,一般来讲,这条线路是综合考虑配送

成本和配送效率之后的最佳配送线路。派车单上客户的先后顺序即送货顺序,配送线路一旦确定,驾驶员不得随意更改,如遇特殊情况,与调度中心沟通确认后再调整路线。

(三)交接管理

1. 卸货前

驾驶员按照客户要求在指定地点开展农产品交接工作,停车时应遵守交通法规,既要就近停靠,也要合法停靠,严禁违章停车。卸货前,驾驶员将送货单交客户(收货人)确认,再次告知本次配送农产品的名称、数量以及其他与配送相关的信息,确认无误后卸货。

2. 卸货时

对卸货车辆与卸货仓库进行密封处理,保证卸货期间农产品温度的升高控制在允许范围内。卸货作业中断时,要即时关闭运输设备厢体门,保持制冷系统的正常运转。按照客户(收货人)要求,将农产品放至指定地点,尽量整齐摆放,以利于后期的清点作业,卸货过程中应避免野蛮操作,保护农产品质量。

3. 卸货完毕后

送货员按农产品种类、规格与客户(收货人)进行清点、核对,并告知农产品包装情况(含农产品包装规格、农产品保鲜要求、农产品存储注意事项等)。清点时,客户(收货人)应根据客户订单及送货单进行清点,清点核对完成后,如没有问题,客户(收货人)应在送货单上签收,签收信息包括签收时间、签收人信息(姓名及身份证号码),如是企事业单位客户,还应在送货单上盖章,并按照合作协议条款内容完成货款结算。送货单一般情况下一式五联,第一联为存根联,第二联为客户留底联,第三联为销售公司记账联,第四联为客户请款联,第五联为销售公司仓库联。如清点有问题,送货员应及时告知公司协调解决。

(四)返回交单

客户签收后,驾驶员、送货员应按照派车单顺序继续为下一客户送货,直至完成派车单上的所有送货任务。送货过程中,当客户有退货请求时,应依据公司退货条款分清责任,符合退货条件的,填写退货单,将退货运回配送中心。返回途中,只要车上有农产品,就务必要保持合适的温度,并遵守交通法规。另外,客户处如有可循环利用的周转箱,填写辅料返仓单,由送货员将周转箱装车运回配送中心。返回至配送中心后,由送货员完成相关单据的流转工作,将客户签字后的送货单记账联交财务,财务根据合作协议完成结款工作,将送货单仓库联交配送主管。如有退货,按公司退货流程完成相应程序,退货返仓时,品质控制部应做好质量检测工作,严禁不合格农产品进入配送中心。

二、退货管理

2014年3月15日正式实施的《新消费者权益保护法》规定,除特殊商品外,网购商品在到货之日起7日内无理由退货。而农产品并没有列入特殊商品之内,这对生鲜农产品的网络销售提出了更高的要求,因为农产品退货再销售的比例极低,退货就意味着腐烂变质、意味着损耗。做好质量,打好品牌,是减少退货现象的基石。但即使质量再好,退货现象都是不可避免的,对农产品销售企业来讲,规范退货流程,提升服务水平仍是重要工作。

(一)退货流程

1. 退货申请

客户在送货员送货时提出退货申请,送货员依据公司退货条款分清责任,符合退货条件的,执行退货程序,如车上有同款同质农产品,可与客户沟通更换。客户通过客服中心提出退货申请的,由客服人员依据公司退货条款处理,符合退货条件的,由客服中心协调配送部安排上门退换货,同时如果是因为包装破损退货,要强调客户签收时对农产品包装进行仔细检查,以避免类似现象的发生。

对于订单错误导致的农产品,质量没有任何问题的,可安排送货员尽快将退货送回配送中心。对于因包装破损、质量原因导致的退货,和客户沟通做折扣处理。经协商没有达成一致价格的退货农产品,客户在退货单上签字后,由送货员将农产品退回配送中心,返程运输中,同样需要控制车厢温度,保障农产品质量安全。

2. 农产品品质检测

农产品退回公司后,由品质控制部对退回农产品进行质量检测,符合二次销售标准的,填写质量检测单,由配送部仓管员进行二次包装,按照品质控制部审定的等级标价入库;不符合二次销售标准的,填写农产品损耗单,做损耗报废处理。

3. 农产品二次包装

对于可以开展二次销售的农产品,由配送部仓管员按照品质控制部审定的等级,选择相应的包装材料,进行二次包装并注明品名、规格、批号、数量等信息。

4. 农产品入库上架

配送部仓管员根据品质控制部开具的质量检测单办理特别入库程序,按照该产品的品类、规格放入适当的货位待销。

5. 相关核销工作

因为本次入库属于该农产品的二次入库,不属于新入库任务,单据处理人员应凭退货单做好原出库记录的核销工作。

(二) 各部门职责

1. 品质控制部

负责对退货申请进行审批,负责与销售、库房进行退货产品的验收和数量清点工作,负责退货产品的处理意见,负责退货农产品包装更换及品名、批号、有效期的复核工作。

2. 客户服务部

负责将退货申请(部门领导签字同意)转交品质控制部,并通知品质控制部退货返厂的大致时间。包装破损的可以销售的农产品,由客户服务部负责与市场进行沟通后再次销售。已经确定可以再次销售的包装破损的农产品,由客户服务部负责与仓储部沟通破损包装的更换事宜。

3. 财务部

对退货入库的农产品做销账处理,对不能再次销售的退货做报损减账处理。如果已经收到货款,由财务部将相应退货货款返还给客户。

三、农产品配送注意事项

1. 出现问题及时与相关部门人员联系解决

(1)配送车辆上农产品与派车单、送货单信息不符时,驾驶员应与配送部联系沟通协调解决。

(2)联系不到客户(收货人)时,及时通知客服人员,若号码无误,经客服人员确认备案

后,取消该单送货,由配送中心仓储人员安排货物入库。若号码有误,由客服人员获取并确认后告知。

(3)若客户(收货人)拒收货物,及时通知客服人员,由客服人员向客户了解拒收情况。若是农产品质量原因,更换农产品后重新商定配送时间。若是客户原因,取消该单送货,商定新日期后再行配送,公司支付此次配送费用。

(4)若出现客观原因无法配送的情况,如车辆中途损坏或者道路临时限行等情况无法继续配送,第一时间告知公司配送负责人,同负责人商议后迅速解决。

(5)若客户询问产品的其他情况,如产品的价格、售后服务等,送货员应耐心解答客户问题,如遇难以问答的问题,可直接将售后的服务电话告知客户,由售后专业人员来解答。同时送货员不得对产品和服务进行任何负面的评价,以免给产品带来不好的影响。

2. 农产品配送服务术语

(1)您好,我们是××公司的配送人员,现在将您购买的××送到您家中。请问您对送货时间有什么要求?

(2)好的,我们将在送达之前半个小时再次给您电话。到时候请您务必带上提货联在家等候。

(3)您好,货物现在已经送达您的家中。这是"收货需知",您看一下,如果没有问题,就请您签收。

(4)谢谢您的支持与配合,祝您心情愉快!再见!

(5)这个问题属于售后服务问题,您可以拨打我们公司的售后服务电话×××进行咨询,他们将给您满意的答复!

3. 配送形象

根据公司要求着装,不得衣冠不整。同客户交流时应表现出基本的交往礼仪,以达到服务要求,使用服务术语为优。

四、农产品配送投诉处理

每年收到两次重大投诉的送货员以及发现问题后被屡次劝说仍没有改进者,应取消其配送资格。物流协调员在处理配送时应根据实际情况进行处理,在公司允许范围内,做出合理的让步,目的在于解决投诉,提高顾客满意度。表格5-20为常见客户投诉的内容及相应处理方法。

表5-20　常见客户投诉内容的处理

内容	说明	处理办法
漏单	签收物流单后未做任何处理	同顾客协商以顾客能接受的时间送出;考核配送人员
按需服务	没有按照公司要求达成客户需求,例如:未在指定时间送达,或者没有提前告知客户并取得同意	同顾客协商,征得顾客理解;考核配送人员
误单	送出农产品规格同单据不同	及时发现并运回公司,考核配送人员;若无法运回的,由配送人员承担全部经济责任

（续表）

内容	说明	处理办法
漏送、多送	单据上的农产品没有全部送出或超出单据送货	少送农产品及时送出；多送农产品及时拖回，造成的经济责任由配送人员承担；并对相关人员进行考核
回执	将农产品交给客户，但没有收取公司规定的有效回执	确认客户确实收到农产品，由配送人员再次上门收取回联；赠送客户公司赠品；考核配送人员
费用收取	未经公司同意向顾客收取费用	向顾客道歉并退还全部费用；公司对配送人员处以收取费用两倍的处罚

附：收货需知

尊敬的××用户，您好！现在农产品已经送到您家，为了保证所送的农产品完整准确，同时保证我们的服务质量，请您认真阅读收货注意事项：

（1）如果您在检验农产品时，确认商品名称、规格、数量、金额等无误，商品包装完好、没有质量问题，就请您确认签收。

（2）如果您发现农产品包装严重破损，或者规格错误，请您现场向配送人员指出，并拒收产品。我们将尽快与您联系，商议新的送货时间。

（3）因农产品为生鲜产品，建议您及时食用，如不能及时食用，请您务必注意存储环境符合农产品的需要。

（4）如果对我们的产品或者服务有什么疑问，可在工作时间拨打我们的售后服务电话×××进行咨询。我们将给出满意答复！

第三部分　新概念、新技术、新标准

扫描二维码，
了解新概念、新技术、新标准

第四部分　拓展知识

扫描二维码，
学习更多知识

项目 *6*
农产品配送成本管理

 项目概况

　　乐实农配公司财务部主要负责起草公司年度经营计划,组织编制公司年度财务预算,执行、监督、检查、总结经营计划和预算的执行情况,核算及控制各部门运行成本,整合公司资源,实现公司利益最大化,执行国家的财务会计政策、税收政策和法规等工作。财务部现有财务经理 1 名,财务会计 1 名,财务出纳 2 名。据财务部调查了解,乐实农配公司在成本控制方面仍有很大空间,为实现公司利益最大化,财务部决定规范各部门成本支出,明确成本组成,核算各部门过去一年的成本支出情况,根据发现的问题,提出控制农产品配送成本的措施意见。

 项目内容

项目任务	技能相关知识	相关新概念、新技术、新标准
6.1　确定农产品配送成本	农产品配送成本的构成	新技术:财务机器人
6.2　核算农产品配送成本	农产品配送成本的核算	新概念:区块链在物流领域的应用
6.3　控制农产品配送成本	农产品配送成本的控制	新技术:云平台助力物流企业降本增效

 项目目标

　　(1)知识目标:熟悉农产品配送成本的概念,掌握农产品配送成本的构成;了解成本核算的意义、成本核算的要点,掌握农产品配送成本核算的方法;了解成本控制的内容,掌握农产品配送成本控制的内容。

　　(2)技能目标:能根据公司业务现状,确定农产品配送成本的构成、核算农产品配送成本、提出控制成本的措施。

　　(3)价值目标:知识扎实、业务精通;忠于职守、遵纪守法;精打细算、考虑周全。

相关岗位

财务经理

岗位职责：全面负责物流公司财务工作，包括预算、成本、经营核算、财务分析、财税、财务制度流程等；熟悉公司各业务流程及与成本管理相关的各项业务现状，并提出建设性的改进措施；建立财务分析和决策模型，分析公司经营状况和成果、财务收支计划与执行情况，提交分析报告及改善建议，为管理层提供决策参考；善于与各部门协调、沟通，使各项业务与财务之间很好地融合，各环节运作顺畅；统一管理和规划财务部的所有人员和事宜，以及完成领导安排的其他相关事宜。

任职资格：财务会计相关专业，本科以上学历，5 年以上财务管理经验；熟悉投融资、兼并、收购程序要求，有实务操作经验；熟悉全盘账务处理，熟悉国家相关财政法律法规、会计法等；熟悉公司各项财务制度及电商运营状况；熟练使用金蝶财务软件及 SAP，熟练使用办公软件，EXCEL 函数操作等。

职业发展：财务经理一般是从财务会计晋升上来的，其职业发展方向为总经理。成为总经理，需要更加丰富的专业知识，更强大的沟通能力、组织协调力等素质。

薪资待遇：财务经理的薪酬一般在 0.8 万～1.5 万每月，具体待遇因公司发展现状不同而相差较大。

财务会计	财务出纳
岗位职责：负责公司财务部财务预算、决算，财务成本费用核算、控制和分析，提供财务报表及分析报告；制定公司年度预算，做好费用预算执行情况分析，制定公司年、月度财务计划与分析报表；做好公司资金收支管理，并保证资金的正常运转，合理控制费用支出，固定资产和流动资产的管理；妥善处理会计凭证、会计账簿、会计报表和其他会计资料，管理和发放收款收据、合同等。	**岗位职责：**保证公司的货币资金及其他财产的安全；认真、严格审核每笔收付业务原始凭证的真实性和合法性；根据审核无误的原始凭证办理现金或银行存款的收付结算业务，并编制记账凭证；登记现金、银行存款日记账，做到日清月结，确保账款相符、账证相符、账账相符；及时编制出纳报告单，向主管上级报告每日的资金动态，根据主管指令办理相关业务；按时完成领导交办的其他工作。
任职资格：大专及以上学历，会计专业；一年以上往来账或全盘会计工作经验；熟悉 OFFICE 办公软件，能独立处理往来账务，并有相应的工作协调能力；工作细心、谨慎，有良好的责任心和职业素养，具有较好的沟通与表达能力。	**任职资格：**大专及以上学历；熟悉财务会计制度、法规；熟悉银行的结算业务，各种票证的使用；具备会计人员任职资格证书和会计初级职称；熟悉财务软件的应用；有一定会计基础知识和实际工作经验，能独立完成上述工作。
职业发展：财务会计一般是校园招聘或社会招聘为主，其职业发展方向为财务经理。	**职业发展：**财务出纳一般是校园招聘或社会招聘为主，其职业发展方向为财务经理。
薪资待遇：财务会计薪酬一般在 0.8 万～1.2 万每月，具体待遇因公司发展现状不同而相差较大。	**薪资待遇：**财务出纳薪酬一般在 0.8 万～1.2 万每月，具体待遇因公司发展现状不同而相差较大。

（备注：以上表格内容为在前程无忧网搜集、整理后的信息，仅供参考。整理时间：2021 年 12 月。）

任务描述

为进一步提高乐实农配公司财务部的成本管控能力,控制公司成本,为提高公司盈利能力打基础,乐实农配公司决定对目前公司的各项成本构成进行梳理。作为以农产品配送业务为主的公司,只要是公司支出的成本均可列为农产品配送总成本。

请你结合所学专业知识,开动脑筋,思考乐实农配公司有哪些成本,可以按照表格 6-1 的格式填写,也可以自拟格式。可以围绕某一环节思考,要求至少 3 项固定成本,至少 3 项变动成本,并解释各成本的含义;也可以联合各个环节思考,要求至少 6 项固定成本,至少 6 项变动成本,并解释各成本的含义。

表 6-1　乐实农配公司农产品配送成本构成

序号	环节	成本构成		备注
		固定成本	变动成本	
1	农产品保鲜存储环节			
2	农产品分拣作业环节			
3	农产品流通加工作业环节			
4	农产品装车配载环节			
5	农产品配送交接环节			
6	其他环节			

任务目标

知识目标:熟悉农产品配送成本的概念,了解农产品配送成本的特点,掌握农产品配送成本的构成;

技能目标:能根据公司业务现状,确定农产品配送成本的构成;

价值目标:具备"知识扎实、业务精通"的职业素养。

成果要求

《乐实农配公司农产品配送成本构成》。

建议学时

1.5 学时,其中线上 0.5 学时,线下 1 学时。

第一部分　任务实施

一、工作流程

作业名称	确定农产品配送成本构成	职能	成本管理
作业部门	财务部	涉及部门	各一线部门
目的	规范农产品配送成本构成，避免成本重复计算		
操 作 规 范			

工作流程图	操作说明
开始农产品配送成本确定工作	**负责岗位**：财务经理 **时间节点**：即时 **涉及表单**：公司财务报表、公司支出明细表
讨论配送中心农产品保管费用组成	**负责岗位**：财务经理 **工作内容**：仓储部、品控部等部门例举主要费用，财务部找出跨部门重复计算的费用 **补充说明**：由财务部确定农产品保管费用
讨论配送中心农产品拣货费用的组成	**负责岗位**：财务经理 **工作内容**：仓储部、拣货部等部门例举主要费用，找出跨部门重复计算的费用 **补充说明**：由财务部确定农产品拣货费用
讨论配送中心农产品加工费用的组成	**负责岗位**：财务经理 **工作内容**：仓储部、拣货部等部门例举主要费用，财务部找出跨部门重复计算的费用 **补充说明**：由财务部确定农产品加工费用
讨论配送中心农产品配装费用的组成	**负责岗位**：财务经理 **工作内容**：仓储部、调度部等部门例举主要费用，财务部找出跨部门重复计算的费用 **补充说明**：由财务部确定农产品配装费用
讨论配送中心农产品运输费用的组成	**负责岗位**：财务经理 **工作内容**：拣货部、调度部等部门例举主要费用，财务部找出跨部门重复计算的费用 **补充说明**：由财务部确定农产品运输费用
确定农产品配送成本构成	**负责岗位**：财务经理 **工作内容**：各部门交流讨论 **补充说明**：由财务部确定农产品配送成本构成
完毕	

扫描二维码,进入思政小课堂

扫描二维码,观看微课

扫描二维码,完成小测验

二、学习步骤

(一) 课前自主学习

1. 课前思

请根据"思政小课堂"分析思考:这笔冷饮费用属于配送成本吗?农产品配送成本有哪些呢?

2. 课前学

观看任务微课,并完成小测验。相关理论知识见本教材"必备知识"部分。

3. 课前做

请至超市中的粮油货架调研大米的包装情况,特别是要了解大米真空包装的材料,或通过网络视频了解真空包装大米的流程,分析真空包装大米工作涉及到哪些费用,越全面越好。

(二) 课中协作学习

1. 课中查

对课前学习任务的完成情况进行自查,根据学习不足之处,调整下一阶段的学习方法,制定新的学习策略,提升学习效果。

2. 课中练

第一步,组建团队,明确分工。一队一般有四到六人,模拟财务部职员,各队选队长一名,模拟财务经理,负责落实任务分工、监督任务实施、收发任务资料、汇报项目成果等;各队员模拟财务专员,均需编制完成《乐实农配公司农产品配送成本构成》。

第二步,按照第一部分的工作流程图模拟实施任务。首先,确定"课前做"环节的"大米真空包装费用调研"任务已完成。其次,本次任务采取团队讨论与个人分析相结合的方式,各团队成员之间可以讨论农产品保管费用的组成、农产品拣货费用的组成、农产品加工费用的组成、农产品配装费用的组成、农产品运输费用的组成等,但农产品配送成本构成判断由各队员单独完成。过程中,如遇问题或有疑惑直接举手向教师求助。

第三步,各"财务专员"编制《乐实农配公司农产品配送成本构成》。

3. 课中评

各团队依次汇报成果,各"财务经理"简述部门"财务专员"在讨论会上的表现,各"财务专员"说明乐实农配公司农产品配送成本构成情况。最后,教师对各队表现进行评价。

(三) 课后探究学习

根据专业理论知识的学习及实训练习,结合自身体会撰写有一定深度的学习感悟,就学到的知识及掌握的技能在未来职业中的应用或创新发表感悟,要求 50 字以上,请在课后三日内完成。

三、学习成果

乐实农配公司农产品配送成本构成					
任务名称	确定农产品配送成本	实施方法	社会调研＋方案设计	成果归属	个人
成果形式	成本构成	姓名		任务得分	

（一）乐实农配公司农产品配送成本构成

（二）各成本举例（解释）

第二部分　必备知识

一、农产品配送成本的概念

（一）成本的概念

成本是商品经济的价值范畴，是商品价值的组成部分。人们要进行生产经营活动或达到一定的目的，就必须耗费一定的资源，其所费资源的货币表现及其对象化称之为成本。

成本一般包括固定成本和变动成本两部分。固定成本是指成本总额在一定时期和一定业务量范围内，不受业务量增减变动影响而能保持不变的成本，如厂房和机器设备的折旧、财产税、房屋租金、管理人员的工资、利息、公司管理费等，在一定期间内它们的发生总额与公司业务量的增减没有关系，不随产值的增加而增加。产量越大，固定成本每份额越小。变动成本是指随着业务量的增减变动而发生变动的成本，直接人工、直接材料、水电费、制造费用、销售成本等都是典型的变动成本，在一定期间内它们的发生总额随着业务量的增减而成正比例变动，但单位产品的耗费则保持不变。

（二）配送成本的概念

配送是物流企业重要的作业环节，它是指在经济、合理的区域范围内，根据客户要求，对物品进行拣选、加工、包装、分割、组配等作业，并按时送达指定地点的物流活动。通过配送，物流活动才得以最终实现，但完成配送活动是需要付出代价的，即需配送成本。

配送成本是配送过程中所支付的费用总和。根据配送流程及配送环节，配送成本实际上含配送运输费用、分拣费用、配装及流通加工费用等。

（三）农产品配送成本的概念

农产品配送成本是指在农产品配送过程中所支付的费用总和。除了一般物品配送发生的成本之外，农产品配送还有农产品损耗及温度控制发生的相关费用，但农产品配送一般不涉及高速公路费。

二、农产品配送成本的特点

（一）农产品损耗占比较大

我国是果蔬生产大国，水果、蔬菜产量均居世界前列，但由于缺乏高效、实用、节能、安全的果蔬保鲜技术和装置，尤其是缺乏产地预冷装置和冷藏运输设备，使得我国在果蔬保鲜这块落后许多。采收不管贮藏，贮藏不管运输，运输不管销售，因为这种割裂而造成的供应链条上的损失是巨大的。在供应链中，水果和蔬菜的损失或浪费高于其他食品，在中国这个比例高达20%～30%，而在发达国家是5%以下。研究报告称，中国80%以上的果蔬以常温物流或自然物流为主，导致果蔬的采后损失严重。每年约有1.3亿吨的蔬菜和1200万吨的果品在运输中损失，腐烂损耗的果蔬可满足近2亿人的基本营养需求，造成的经济损失达750亿元。

（二）配送成本的隐蔽性

日本早稻田大学的物流成本计算的权威——西泽修先生提出了"物流成本冰山"说，透彻地阐述了物流成本的难以识别性。同样,要想直接从企业的财务中完整地提取出企业发生的配送成本也是难以办到的。例如,通常的财务会计通过"销售费用"、"管理费用"科目可以看出部分配送费用情况(营业额、配送人员工资),但这些科目反映的费用仅仅是部分配送成本,即企业对外支付的配送费用,并且这一部分费用往往是混同在其他有关费用中,而不是单独设立"配送费用"科目进行独立核算。因此,配送成本确实犹如一座海里的冰山,露出水面的仅是冰山一角。

(三) 配送成本削减具有乘数效应

配送成本削减具有乘数效应,配送成本的减少可以显著增加企业的效益与利润。例如,假定某农业企业销售额为 1 000 元,配送成本为 100 元。如果配送成本降低 10%,就相当于得到 10 元的利润。假定这个企业的销售利润率为 2%,则创造 10 元的利润,需要增加 500 元的销售额,即降低 10% 的配送成本所起的作用相当于销售额增加 50%,而在当前激烈的市场竞争中,销售额增加 50% 的难度是相当大的,这种配送成本削减的乘数效应是不言自明的。可见,配送成本的下降会产生极大的企业效益。

(四) 配送成本的"效益背反"

所谓的效益背反是指在同一资源的两个方面处于相互矛盾的关系之中,要达到一个目的必然要损失另一目的,要追求一方,必得舍弃另一方的一种状态。这种状态在配送管理中也是存在的。例如,减少配送中农产品的损耗,势必要配备温度控制设备,从而引起成本的增加;减少配送中心的存货量,必然引起存货补充频繁,从而增加运输次数,运输费用增加;减少配送中心的个数,会导致配送距离变长,运输费用增加;如果增加配送中心和存货的数量,补货次数和运输费用自然会减少,但此时会增加配送中心的运营成本和存货成本。因此,配送活动是个整体,企业必须考虑整个配送系统的成本最低,而非局部或某个环节的节约,这就要求从系统高度寻求总体成本的最优化。

(五) 配送成本与服务水平的背反

高水平的配送服务是由高的配送成本来保证的,企业很难既提高了配送服务水平,同时也降低了配送成本,除非有较大的技术进步。要想超过竞争对手,提出并维持更高的服务标准就需要有更多的投入,因此一个企业在做出这种决定时必须经过仔细研究和对比。当前,随着国内电子商务的快递发展,物流业的竞争日益加剧,"价格战"仍是提高企业竞争力的有效途径,但价格便宜的物流,服务水平确实难以保证。

(六) 配送成本的不可控性

配送成本中有许多是物流管理部门不可控制的,例如保管费用中包括了出于过多进货或过多包装而造成积压的库存费用,以及紧急运输等例外发货的费用。这些费用是物流部门不能控制的。

三、农产品配送成本的构成

(一) 农产品保管费用

仓储费指农产品储存、保管业务发生的费用,主要包括仓库管理人员的工资,农产品在保管过程中的防腐、保鲜等费用,保管设备的燃油费,冷库等固定资产折旧费、修理费、劳保费、照明费等。

进出库费指农产品进出配送中心发生的费用。主要包括农产品进出配送中心过程的装

卸、搬运、验收所支付的工人工资、劳动保护费等。

间接费用指保管管理部门为组织和管理保管作业发生的管理费用和业务费用。

(二) 农产品分拣费用

分拣人工费用指从事分拣工作的作业人员及有关人员工资、奖金、补贴等费用的总和。

分拣设备费用指分拣机械设备的折旧费用、修理费用及燃油费。如输送机、分拣机、拣货机器人、农产品称重分级线、农产品筛选设备等。

间接费用指分拣管理部门为组织和管理拣货作业发生的管理费用和业务费用。

(三) 农产品流通加工费用

流通加工设备因流通加工形式不同而不同,购置这些设备所支出的费用,以流通加工费用的形式转移到被加工产品中去。除此之外,还包括配装设备的保养和修理费用、折旧费用和燃油费用。

流通加工材料费用指在流通加工过程中,投入到加工过程中的一些材料消耗所需要的费用,即流通加工材料费用。如礼品包装盒、真空包装袋、保鲜膜、配送包装、冰块等保鲜耗材等。

流通加工人员费用指从事流通加工的工人的工资、奖金、补贴等费用总和。

间接费用指流通加工管理部门为组织和管理加工作业发生的管理费用和业务费用。

(四) 农产品配装费用

配装设备费用指配装设备的修理费用及折旧费用,还包括设备耗用的燃料费用。

配装材料费用指常见的配装材料如木材、纸、自然纤维和合成纤维、塑料、冰袋等的费用。这些包装材料功能不同,成本相差很大。

配装辅助材料费用指除上述费用外的一些辅助性费用,如包装标记、标志的印刷,拴挂物费用等的支出。

配装人工费用指从事配装工作的工人的工资、奖金、补贴等费用总和。

间接费用指配装管理部门为组织和管理配装作业发生的管理费用和业务费用。

(五) 农产品配送运输成本

车辆费用指从事农产品配送运输生产而发生的各项费用,农产品配送一般使用冷藏车。具体包括驾驶员及助手等工资及福利费、燃料、轮胎、修理费、折旧费、养路费、车船使用税等。

间接费用指运输管理部门为组织和运输作业发生的管理费用和业务费用。比如管理人员的工资及福利费、办公费、水电费、设备折旧费等。

第三部分　新概念、新技术、新标准

扫描二维码,
了解新概念、
新技术、新标准

第四部分　拓展知识

扫描二维码，
学习更多知识

扫描二维码,
获取任务资料

任务6.2 核算农产品配送成本

任务描述

乐实农配公司拣货部现有电子拣货设备一套,为2021年1月花12万元买进,使用寿命5年;手推车8辆,为2020年9月以每辆900元买进,使用寿命为6年;手持终端6部,为2020年12月以每部1.2万元买进,使用寿命为5年;有工作人员5位,其中拣货主管1名,工资福利为10 000元每月,拣货员4名,工资福利为12 000元每月。

2021年2月,拣货部购买拣货用纸箱,用掉0.1万元。

2021年3月,拣货员小王结婚,拣货部其他四位均参加婚礼,每人拿出红包1000元。

2021年4月,拣货部电子拣货设备保养维护费用掉0.8万元。

2021年5月,手持终端维修用掉0.1万元。

2021年6月,公司总经办举办了一年一度的拣货大赛,各类耗材开支2万元,奖品开支1万元,办公用品开支0.2万元。

请根据以上条件,结合农产品拣货成本的构成,核算乐实农配公司2021年上半年的拣货成本。扫描二维码,获取任务资料《乐实农配公司拣货成本核算表》。

任务目标

知识目标:了解成本核算的意义,熟悉成本核算的要点,掌握农产品配送成本核算的方法;
技能目标:能根据公司业务现状,核算农产品配送成本;
价值目标:具备"忠于职守、遵纪守法"的职业素养。

成果要求

《乐实农配公司农产品配送成本核算报告》。

建议学时

3学时,其中线上1学时,线下2学时。

第一部分　任务实施

一、工作流程

作业名称	核算农产品配送成本	职能	财务管理
作业部门	财务部	涉及部门	无
目的		提高农产品配送成本管理水平,为控制农产品配送成本打基础	

操 作 规 范	
工作流程图	操作说明
开始农产品配送 成本核算	**负责岗位:** 财务经理 **时间节点:** 即时 **涉及表单:** 无
配送中心 农产品保管成本核算	**负责岗位:** 财务会计 **工作内容:** 根据各费用支出的发票单据,按照公司成本构成表明细,核算保管相关成本 **补充说明:** 要严肃认真、遵纪守法
配送中心 农产品拣货成本核算	**负责岗位:** 财务会计 **工作内容:** 根据各费用支出的发票单据,按照公司成本构成表明细,核算拣货相关成本 **补充说明:** 要严肃认真、遵纪守法
配送中心 农产品加工成本核算	**负责岗位:** 财务会计 **工作内容:** 根据各费用支出的发票单据,按照公司成本构成表明细,核算加工相关成本 **补充说明:** 要严肃认真、遵纪守法
配送中心 农产品配装成本核算	**负责岗位:** 财务会计 **工作内容:** 根据各费用支出的发票单据,按照公司成本构成表明细,核算配送相关成本 **补充说明:** 要严肃认真、遵纪守法
配送中心 农产品运输成本核算	**负责岗位:** 财务会计 **工作内容:** 根据各费用支出的发票单据,按照公司成本构成表明细,核算运输相关成本 **补充说明:** 要严肃认真、遵纪守法
形成农产品配送 成本核算报告	**负责岗位:** 财务会计 **工作内容:** 将各模块成本汇总在一起 **补充说明:** 无
完毕	

二、学习步骤

(一) 课前自主学习

1. 课前思

请根据"思政小课堂"分析思考：总经理听到年利润过千万的好消息为何皱起眉头？张总经理为何要把利润做成零？如果你是小黄，你该怎么做？小黄的做法对吗？

2. 课前学

观看任务微课，并完成小测验。相关理论知识见本教材"必备知识"部分。

3. 课前做

作为大学生，你一个月的生活成本是多少呢？你的生活成本主要由哪些组成呢？比如，吃饭、娱乐、学习、社交等，请按照你的分类方式罗列出你的生活成本，并分析各组成部分的成本中，哪个最低，哪个最高？

(二) 课中协作学习

1. 课中查

对课前学习任务的完成情况进行自查，根据学习不足之处，调整下一阶段的学习方法，制定新的学习策略，提升学习效果。

2. 课中练

第一步，组建团队，明确分工。一队一般有四到六人，模拟财务部职员，各队选队长一名，模拟财务经理，负责落实任务分工、监督任务实施、收发任务资料、汇报项目成果等；各队员模拟财务专员，均需编制完成《乐实农配公司农产品配送成本核算报告》。

第二步，按照第一部分的工作流程图模拟实施任务。首先，确定"课前做"环节的"计算你一个月的生活成本"任务已完成。其次，本次任务采取团队讨论与个人分析相结合的方式，各团队成员之间可以讨论农产品保管成本的核算，包括农产品拣货成本的核算、农产品加工成本的核算、农产品配装成本的核算、农产品运输成本的核算等，但农产品配送成本核算报告由各队员单独完成。过程中，如遇问题或有疑惑直接举手向教师求助。

第三步，各"财务专员"编制《乐实农配公司农产品配送成本核算报告》。

3. 课中评

各团队依次汇报成果，各"财务经理"简述部门"财务专员"在讨论会上的表现，各"财务专员"汇报交流乐实农配公司的农产品配送成本核算报告内容。最后，教师对各队表现进行评价。

(三) 课后探究学习

根据专业理论知识的学习及实训练习，结合自身体会撰写有一定深度的学习感悟，就学到的知识及掌握的技能在未来职业中的应用或创新发表感悟，要求 50 字以上，请在课后三日内完成。

扫描二维码，进入思政小课堂

扫描二维码，观看微课

扫描二维码，完成小测验

三、学习成果

乐实农配公司农产品配送成本核算报告					
任务名称	农产品配送成本核算	实施方法	团队讨论＋成本核算	成果归属	个人
成果形式	核算报告	姓名		任务得分	

（一）乐实农配公司农产品配送成本构成

（二）乐实农配公司农产品配送成本核算结果

第二部分　必备知识

一、农产品配送成本的核算

农产品配送成本由农产品配送企业各个环节的成本构成,对每个环节发生的成本进行核算,然后求和就可以得到农产品配送的总成本。农产品配送成本的计算公式如下:

农产品配送成本＝农产品保管成本＋农产品配送运输成本＋农产品拣货成本
＋农产品配装成本＋农产品流通加工成本

需要指出的是,在实际核算时只对涉及的活动进行核算,要避免配送成本费用重复、夸大或减少。

(一) 农产品保管成本的核算

1. 保管成本的数据来源

保管管理人员、保管人员工资及职工福利费。根据"工资分配汇总表"和"职工福利费计算表"中各人员的工资收入及福利分配情况计入成本。

保管设备折旧费。根据"固定资产折旧计算表"中按照设备类型提取的折旧金额计入各分类成本。

保管设备燃油费。根据"燃料发出凭证汇总表"中各设备耗用的燃料金额计入成本。使用电动设备的,相关电费计入管理费用。

保管设备修理费。加工部门对加工设备进行保养和修理的费用,根据"辅助营运费用分配表"中分配各设备的金额计入成本。

保管材料费。保管部门在作业过程中发生的保鲜袋、保鲜试剂、保鲜材料、纸箱、保鲜箱、泡沫箱、编织袋、塑料筐等保管材料费用。这些保管材料根据"辅助营运费用分配表"中分配各材料的金额计入成本。

2. 保管成本计算表

农产品配送企业月末应编制保管成本计算表,以反映保管总成本。农产品保管总成本是指成本计算期内成本计算对象的成本总额,即各个成本项目金额之和。农产品保管成本组成情况参考表 6-2。

表 6-2　农产品保管成本计算表

成	本		价格(单位:元)	备注
配装成本	固定成本	相关管理费用		
		保管设备折旧费		
		保管材料费		
		固定成本合计		

（续表）

成　　本		价格（单位：元）	备注
变动成本	保管人员工资、福利		
	保管设备燃油费		
	保管设备修理费		
	保管设备保养费		
	变动成本合计		
成本合计			

（二）农产品配送运输成本的核算

农产品配送运输成本的核算，是指将配送车辆在配送过程中所发生的各种车辆费用和配送间接费用，按照规定的配送对象和成本项目进行核算，计入配送对象的运输成本项目中的方法。

1. 农产品配送运输成本的数据来源

配送管理人员、配送人员工资及职工福利费。根据"工资分配汇总表"和"职工福利费计算表"中分配的金额计入成本。

燃油费。根据"燃料发出凭证汇总表"中各车型耗用的燃料金额计入成本。配送车辆在本企业以外的油库加油，其领发数量不作为企业购入和发出处理的，应在发生时按照配送车辆领用数量和金额计入成本。使用电动设备的，相关电费计入管理费用。

轮胎。轮胎外胎采用一次摊销法的，根据"轮胎发出凭证汇总表"中各车型领用的金额计入成本；采用按行驶胎公里提取法的，根据"轮胎摊提费计算表"中各车型应负担的摊提额计入成本。发生轮胎翻新费时，根据付款凭证直接计入各车型成本或通过待摊费用分期摊销。内胎、垫带根据"材料发出凭证汇总表"中各车型成本领用金额计入成本。

运输设备修理费。辅助生产部门对配送车辆进行保养和修理的费用，根据"辅助营运费用分配表"中分配各车型的金额计入成本。

运输设备折旧费。根据"固定资产折旧计算表"中按照车辆种类提取的折旧金额计入各分类成本。

车船使用税、行车事故损失和其他费用。如果是通过银行转账、应付票据、现金支付的，根据付款凭证等直接计入有关的车辆成本；如果是在企业仓库内领用的材料物资，根据"材料发出凭证汇总表""低值易耗品发出凭证汇总表"中各车型领用的金额计入成本。

2. 农产品配送运输成本计算表

农产品配送企业月末应编制配送运输成本计算表，以反映配送总成本。配送总成本是指成本计算期内成本计算对象的成本总额，即各个成本项目金额之和。农产品配送运输成本组成情况参考表 6-3。

表 6-3　农产品配送运输成本计算表

成　本		价格(单位:元)	备注
配送成本	固定成本 相关管理费用		
	车辆折旧费		
	车辆保险		
	车辆使用税		
	固定成本合计		
	变动成本 司机、送货员工资福利等		
	燃油费		
	修理费		
	过桥过路费		
	货运信息费		
	交通罚款		
	变动成本合计		
成本合计			
折算为吨公里			

(三) 农产品拣货成本的核算

1. 拣货成本的数据来源

拣货管理人员、拣货人员工资及职工福利费。根据"工资分配汇总表"和"职工福利费计算表"中各相关人员的工资收入及福利分配情况计入成本。

拣货设备修理费。拣货部门对拣货设备进行保养和修理的费用,根据"辅助营运费用分配表"中分配各设备的金额计入成本。

拣货设备折旧费。根据"固定资产折旧计算表"中按照设备类型提取的折旧金额计入各分类成本。

燃油费。根据"燃料发出凭证汇总表"中各设备耗用的燃料金额计入成本。使用电动设备的,相关电费计入管理费用。

2. 拣货成本计算表

农产品配送企业月末应编制拣货成本计算表,以反映拣货总成本。拣货总成本是指成本计算期内成本计算对象的成本总额,即各个成本项目金额之和。农产品拣货成本组成情况参考表 6-4。

表 6-4　农产品拣货成本计算表

成　本		价格(单位:元)	备注
拣货成本	固定成本 相关管理费用		
	拣货设备折旧费		

成　　本	价格(单位：元)	备注
固定成本合计		
变动成本　　拣货员工资、福利		
拣货设备燃油费		
拣货设备修理费		
拣货设备保养费		
变动成本合计		
拣货成本合计		

（四）农产品配装成本的核算

1. 配装成本的数据来源

配装管理人员、配装人员工资及职工福利费。根据"工资分配汇总表"和"职工福利费计算表"中各配装人员的工资收入及福利分配情况计入成本。

配装设备修理费。配装部门对配装设备进行保养和修理的费用，根据"辅助营运费用分配表"中分配各设备的金额计入成本。

配装设备折旧费。根据"固定资产折旧计算表"中按照设备类型提取的折旧金额计入各分类成本。

配装设备燃油费。根据"燃料发出凭证汇总表"中各设备耗用的燃料金额计入成本。使用电动设备的，相关电费计入管理费用。

配装材料费。配装部在作业过程中发生的纸箱、保鲜箱、泡沫箱、编织袋、塑料筐等配装材料费用。这些配装材料根据"辅助营运费用分配表"中分配各耗材的金额计入成本。

配装辅助材料费。配装部在作业过程中发生的绳索、气泡袋、冰袋、包装标记、拴挂物等配装辅料费用。这些配装辅助材料根据"辅助营运费用分配表"中分配各材料的金额计入成本。

2. 配装成本计算表

农产品配送企业月末应编制配装成本计算表，以反映配装总成本。配装总成本是指成本计算期内成本计算对象的成本总额，即各个成本项目金额之和。农产品配装成本组成情况参考表 6-5。

表 6-5　农产品配装成本计算表

成　　本	价格(单位：元)	备注
配装成本　　固定成本　　相关管理费用		
配装设备折旧费		
配装材料费		
配装辅助材料费		
固定成本合计		

(续表)

成　　本		价格（单位：元）	备注
变动成本	配装员工资、福利		
	配装设备燃油费		
	配装设备修理费		
	配装设备保养费		
	变动成本合计		
成本合计			

（五）农产品流通加工成本的核算

1. 流通加工成本的数据来源

流通加工管理人员、流通加工人员工资及职工福利费。根据"工资分配汇总表"和"职工福利费计算表"中各人员的工资收入及福利分配情况计入成本。

加工设备折旧费。根据"固定资产折旧计算表"中按照设备类型提取的折旧金额计入各分类成本。

加工设备燃油费。根据"燃料发出凭证汇总表"中各设备耗用的燃料金额计入成本。使用电动设备的，相关电费计入管理费用。

加工设备修理费。加工部门对加工设备进行保养和修理的费用，根据"辅助营运费用分配表"中分配各设备的金额计入成本。

流通加工材料费。加工部门在作业过程中发生的包装纸、保鲜袋、保鲜材料、纸箱、保鲜箱、泡沫箱、编织袋、塑料筐等加工材料费用。这些加工材料根据"辅助营运费用分配表"中分配各耗材的金额计入成本。

2. 流通加工成本计算表

农产品配送企业月末应编制流通加工成本计算表，以反映流通加工总成本。流通加工总成本是指成本计算期内成本计算对象的成本总额，即各个成本项目金额之和。农产品流通加工成本组成情况参考表6-6。

表6-6　农产品流通加工成本计算表

成　　本		价格（单位：元）	备注
配装成本	固定成本	相关管理费用	
		加工设备折旧费	
		加工材料费	
		固定成本合计	
	变动成本	加工人员工资、福利	
		加工设备燃油费	
		加工设备修理费	

（续表）

成 本	价格（单位：元）	备注
加工设备保养费		
变动成本合计		
成本合计		

二、农产品配送运输成本核算示例

为了保障农产品的质量，专做农产品运输的刘志强于近日购买了一辆东风冷藏车，该车核载 8 吨，为贷款购买：货款金额为 145 000 元，贷款 5 年，年息为 3.5%，利息总额为 25 375 元。他们常走的路线是山东至上海，行程 1 000 公里左右。运价单程约 300 元/吨，平均运价为 0.3 元/吨公里。往返一趟平均 7 天，每月总收入约为 300 元/吨×8 吨/×8（每月 4 个来回，8 个单程）＝19 200 元。每个单程加油费 2 000 元、燃油税 320 元、过路费 500 元。司机工资为运价的 10%，每月为 19 200 元×10%＝1 920 元（车辆配备 2 名司机，每名司机的月工资仅为 1 920 元÷2＝960 元）。修理费每月 2 000 元，货运信息费（货运中介收取）每月 800 元，车船使用税每月 48 元，交强险每月 258 元，商业险每月 665 元，不考虑营业税。

任务要求：请根据所学知识，核算该车的单趟标载运输成本（折算成吨公里），要求根据给定资料确定计算对象，列出成本项目，正确算出各项成本，正确填写成本汇总表或进行相关分析并写出分析过程。表 6-7 为参考运输成本汇总表。

表 6-7 单趟标载运输成本汇总表

	成 本 项 目	成本（元）	备注
固定成本	车辆折旧费		
	车辆保险		
	车辆使用税		
	固定成本合计		
单程长途干线成本	司机工资、福利等		
	燃油费		
	燃油税		
变动成本	修理费		
	过桥过路费		
	货运信息费		
	罚款		
	变动成本合计		
单程长途干线成本合计			
折算为吨公里			

由题意得：燃油费＝2 000(元)　　　　　燃油税＝320(元)

过桥过路费＝500(元)　　　　　罚款＝200(元)

依表格顺序进行计算,过程如下：

司机单程工资、福利＝司机月工资、福利/每月单程数＝1 920/8＝240(元)

车辆单程折旧成本＝买车的费用/折旧年限/12/每月单程数＝170 375/5/12/8＝355(元)

车辆单程保险＝车辆月保险/每月单程数＝(月交强险＋月商业险)/每月单程数＝(258＋665)/8≈115.4(元)

车辆单程使用税＝车辆月使用税/每月单程数＝48/8＝6(元)

单程固定成本＝单程车辆折旧成本＋司机单程工资、福利＋车辆单程保险＋车辆单程使用税＝355＋240＋115.4＋6＝716.4(元)

单程修理费＝月修理费/每月单程数＝2 000/8＝250(元)

单程货运信息费＝月货运信息费/每月单程数＝800/8＝100(元)

单程变动成本＝燃油费＋燃油税＋车辆单程修理费＋过路费＋货运单程信息费＋罚款＝2 000＋320＋250＋500＋100＋200＝3 370(元)

单程长途干线成本＝车辆单程固定成本＋车辆单程变动成本＝716＋3 370＝4 086.4(元)

吨公里＝车辆长途干线成本/载重量/单程里程数＝4 086.4/8/1 000＝0.510 8(元/吨公里)

成本汇总表见表6－8。

表6－8　单趟标载运输成本汇总表

成本项目		成本(元)	备注
单程长途干线成本	固定成本 车辆折旧费	355	车辆固定成本按17.04万元计算,按5年折旧计算,每月4个来回、8个单程
	车辆保险	115.4	按每月923元计算
	车辆使用税	6	按每月48元计算
	固定成本合计	716.4	
	司机工资、福利等	240	按每月1 920元计算
	燃油费	2 000	按每个单程2 000元计算
	燃油税	320	按每个单程320元计算
	变动成本 修理费	250	按每月2 000元计算
	过桥过路费	500	按每个单程500元计算
	货运信息费	100	按每月800元计算
	罚款	200	按每个单程罚款200元计算
	变动成本合计	3 370	
单程长途干线成本合计		4 086.4	
折算为吨公里		0.510 8	按每个单程1 000公里,标载8吨计算

第三部分　新概念、新技术、新标准

扫描二维码，
了解新概念、
新技术、新标准

第四部分　拓展知识

扫描二维码，
学习更多知识

任务描述

物流领域有个成本冰山理论：物流成本如浮在水面上的冰山，人们所能看见的向外支付的物流费用好比冰山的一角，而大量的是人们所看不到的沉在水下的企业内部消耗的物流费用，当水下的物流内耗越深，露出水面的冰山反而就越小，将各种问题掩盖起来。在学习了农产品配送成本构成、核算过农产品配送成本之后，你是否发现有浪费或者效率低的现象？

请结合课程中各环节的操作体会，根据乐实农配公司农产品配送成本构成情况，针对你认为有可能改善的地方，提出降低配送成本的措施。

任务目标

知识目标：了解成本控制的内容，熟悉成本控制的构成，掌握农产品配送成本控制的内容；

技能目标：能根据公司业务现状，提出控制成本的措施；

价值目标：具备"精打细算、考虑周全"的职业素养。

成果要求

《乐实农配公司农产品配送成本控制方案》。

建议学时

1.5学时，其中线上0.5学时，线下1学时。

第一部分 任务实施

一、工作流程

作业名称	农产品配送成本控制	职能		财务管理
作业部门	财务部	涉及部门		相关业务部门
目的	提高农产品配送成本管理水平,科学合理利用每一分钱			
操 作 规 范				
工作流程图		操作说明		
启动农产品配送成本控制工作		**负责岗位**:财务经理 **时间节点**:即时		
讨论降低农产品保管成本的措施		**负责岗位**:财务会计、仓储部全体成员 **工作内容**:根据仓储部费用支出情况,讨论控制成本的措施 **补充说明**:要精打细算、考虑周全		
讨论降低农产品拣货成本的措施		**负责岗位**:财务会计、拣货部全体成员 **工作内容**:根据拣货部费用支出情况,讨论控制成本的措施 **补充说明**:要精打细算、考虑周全		
讨论降低农产品加工成本的措施		**负责岗位**:财务会计、仓储部全体成员 **工作内容**:根据仓储部费用支出情况,讨论控制成本的措施 **补充说明**:要精打细算、考虑周全		
讨论降低农产品配装成本的措施		**负责岗位**:财务会计、调度部全体成员 **工作内容**:根据调度部费用支出情况,讨论控制成本的措施 **补充说明**:要精打细算、考虑周全		
讨论降低农产品运输成本的措施		**负责岗位**:财务会计、调度部全体成员 **工作内容**:根据调度部费用支出情况,讨论控制成本的措施 **补充说明**:要精打细算、考虑周全		
形成农产品配送成本控制方案		**负责岗位**:财务会计 **工作内容**:将各模块成本汇总在一起,形成公司农产品配送成本控制方案 **补充说明**:无		
完毕				

二、学习步骤

(一) 课前自主学习

1. 课前思

请根据"思政小课堂"分析思考：小周的什么举措为公司节约 11 万？小周是一个什么样的人？本案例给我的启发是什么？

扫描二维码,进入思政小课堂

2. 课前学

观看任务微课,并完成小测验。相关理论知识见本教材"必备知识"部分。

3. 课前做

请根据你上月的生活消费情况制定一份理财小计划。要求切实可行,可以从吃饭、娱乐、学习、社交几个方面分别调整消费额度。作为大学生,我们这里的理财主要指节约成本,优化成本构成,合理使用每一分钱,在降低成本的同时不降低生活水平,并计算出节约的额度。

扫描二维码,观看微课

(二) 课中协作学习

1. 课中查

对课前学习任务的完成情况进行自查,根据学习不足之处,调整下一阶段的学习方法,制定新的学习策略,提升学习效果。

扫描二维码,完成小测验

2. 课中练

第一步,组建团队,明确分工。一队一般有四到六人,模拟财务部职员,各队选队长一名,模拟财务经理,负责落实任务分工、监督任务实施、收发任务资料、汇报项目成果等;各队员模拟财务专员,均需编制完成《乐实农配公司农产品配送成本控制方案》。

第二步,按照第一部分的工作流程图模拟实施任务。首先,确定"课前做"环节的"我的理财小计划"任务已完成。其次,本次任务采取团队讨论与个人分析相结合的方式,各团队成员之间可以讨论降低农产品保管成本、农产品拣货成本、农产品加工成本、农产品配装成本、农产品运输成本的措施。但农产品配送成本控制方案由各队员单独完成。过程中,如遇问题或有疑惑直接举手向教师求助。

第三步,各"财务专员"编制《乐实农配公司农产品配送成本控制方案》。

3. 课中评

各团队依次汇报成果,各"财务经理"简述部门"财务专员"在讨论会上的表现,各"财务专员"汇报说明乐实农配公司的农产品配送成本控制方案。最后,教师对各队表现进行评价。

(三) 课后探究学习

根据专业理论知识的学习及实训练习,结合自身体会撰写有一定深度的学习感悟,就学到的知识及掌握的技能在未来职业中的应用或创新发表感悟,要求 50 字以上,请在课后三日内完成。

三、学习成果

乐实农配公司农产品配送成本控制方案					
任务名称	控制农产品配送成本	实施方法	讨论＋方案设计	成果归属	个人
成果形式	控制方案	姓名		任务得分	

（一）乐实农配公司农产品配送成本存在的问题

（二）乐实农配公司农产品配送成本控制方案

第二部分　必备知识

一、农产品配送成本控制

(一) 农产品配送成本控制的含义

农产品配送成本控制是指在农产品配送过程中,对配送成本形成的各种因素,按照事先拟定的标准严格加以监督,发现偏差就及时采取措施加以纠正,从而使配送过程中各项资源的消耗和费用开支被限制在标准范围之内。

(二) 农产品配送成本控制的必要性

在收入一定的前提下,农产品配送成本的节约可以增加配送企业的利润。在利润空间越来越小的大环境下,农产品配送企业开始对配送成本挖潜,通过比同行低的配送成本来取得竞争优势。

农产品配送成本是由多个环节的成本费用构成的,因此配送成本的控制也应该是多环节的成本控制,任何顾此失彼的控制都不是最优的。农产品配送成本控制的目标就是使得配送成本最小化,但现实中农产品配送企业存在的种种不合理的现象往往有悖于这个目标的实现。从另一个角度来分析,正是这些不合理现象的存在迫使农产品配送企业要对配送成本进行控制,因此要充分地认识到这些现象并对症下药。

这些不合理的现象主要有:

1. 配送中心选址和布局的不合理

配送中心的选址和布局需要有战略眼光,因为它不仅直接影响到配送成本,还会影响到运输成本、采购成本以及装卸搬运成本等。通常,物流企业对配送中心的选址布局是很慎重的,但部分物流企业急于快速地占领市场,对配送中心缺乏总体和长远的规划就匆匆地进行大规模的兴建,其结果往往是配送中心布局不合理,造成重复建设,增加了企业的成本。

2. 配送中心库存策略的不合理

一般而言,配送中心的集中库存总量要小于各个分散的客户库存量的总和,这样才能体现出配送中心在物流方面的优势,同时也可节约社会成本,降低各个分散的客户平均负担的库存成本。由此可见,配送中心合理的库存策略不仅对配送中心本身还是配送中心所服务的客户,都是有利的。为此,配送中心应该通过科学的管理和统筹规划,实现较低的库存总量,充分发挥出自身作为配送中心(物流结点)的优势。

3. 配送中心资源筹措的不合理

与前文所述相似,配送中心的优势体现在通过筹措资源所产生的规模效益来降低自身的资源筹措成本,使得配送中心的资源筹措成本小于各个分散的客户独自进行资源筹措的成本。这就要求配送中心要尽量集中多个客户进行有一定规模的资源筹措,节约成本。

4. 配送价格的不合理

一般来说,为了使配送中心的客户有利可图,配送的价格应该低于客户独立完成物流活动的价格总和。配送价格过低,会使配送企业无利可图甚至亏损;配送价格过高,例如高于客户独立完成物流活动的价格,客户是接受不了的。因此,配送中心要在自身的利益和客户的接受程度两者之间做出权衡,制定双方都能接受的配送价格。此外,配送价格的确定还要充分考虑到同行的价格水平,做出横向比较。

(三) 农产品配送成本控制的内容

进行配送成本核算的最终目的是为了进行配送成本的控制,对于配送成本的控制一般从以下几个方面进行:

1. 加强配送的计划性

在配送活动中,临时配送、紧急配送或无计划的随时配送都会大幅度增加配送成本。临时配送由于事先计划不善,未能考虑正确的装配方式和恰当的运输路线,到了临近配送截止时期时,不得不安排专车,单线进行配送,造成车辆不满载、里程多。紧急配送往往只要求按时送货,来不及认真安排车辆配装及配送路线,从而造成载重和里程的浪费。为了保持服务水平,又不能拒绝紧急配送,但是如果认真核查并有调剂准备的余地,紧急配送也可纳入计划。随时配送对订货要求不做计划安排,有一笔送一次,这样虽然能保证服务质量,但是不能保证配装与路线的合理性,也会造成很大浪费。

(1) 对鲜活商品,应实行定时定量申报、定时定量配送。为保证商品的鲜活,零售店一般一天申报一次,商品的量应控制在当天全部销售完为宜。实行定时定量申报的商品,在商品量确定以后,分店除特殊情况外,不必再进行申报。由配送中心根据零售店的定量,每天送货。

(2) 对普通商品,应实行定期申报、定期配送。定期申报是指零售店定期向配送中心订货,订货量为两次订货之间的预计需求量。实行定期申报的优点有:各零售店的要货相对集中,零售店同时发出订货申请,配送中心将订货单按商品分类、汇总、统一完成配送;零售店不必经常清点每种产品的盘存量,减少了工作量;零售店是向众多单个消费者销售商品,不确定因素多,若实行定期申报,零售店只需预测订货周期较短时间内的需求量,降低了经营风险。零售店定期发出订货申请,配送中心定期送货。送货的时间间隔与订货的时间间隔一致,例如,每七天订一次货,每七天送一次货。问题的关键是如何确定合理的时间间隔。时间太长,每次的发货量必定很多,这无疑将配送中心的存货分散到零售店储备;时间太短,每次发的货太零星,既增加了配送难度,也增加了配送次数。一个合理的时间间隔应该是使零售店在保持较少的库存而又不缺货的前提下,集中订货,在实际操作中应通过数据来分析和经验来确定。

2. 确定合理的配送路线

配送路线合理与否对配送速度、成本、效益影响很大,因此,采用科学的方法确定合理的配送路线是配送的一项重要工作。确定配送路线可以采用各种数学方法和在数学方法基础上发展和演变出来的经验方法,但无论采用何种方法都必须满足一定的约束条件。一般的配送的约束条件有:满足所有零售店对商品品种、规格、数量的要求;满足零售店对货物到达时间范围的要求;在交通管理部门允许通行的时间内进行配送;各配造路线的商品量不超过车辆容积及载重量的限制;要在配送中心现有的运力允许范围之内配送。

3. 进行合理的车辆配载

各客户的需求情况不同,订货也就不大一致。一次配送的货物可能有多个品种,这些商品不仅包装形态、储运性质不一,而且密度差别较大。密度大的商品往往达到了车辆的载重量,但体积空余很大;密度小的商品虽然达到车辆的最大体积,但达不到载重量。实行轻重

配装,既能使车辆满载,又能充分利用车辆的有效体积,大大降低运输费用。

4. 科学合理规范使用农产品控温设施

在全程冷链的行业趋势下,温控成本在农产品配送各环节中占一定比例,仓储环节使用的冷藏保鲜库、气调库、冷鲜柜等设备,配送环节使用的冷藏车、保鲜箱等设备基本都是以电力为主的,是否规范操作直接影响耗电量的大小。比如,冷库门的使用、每次开门的大小和开门时间的长短都直接和耗电量相关,规范操作可以将耗电量控制在合理范围。

5. 量力而行建立计算机管理系统

在配送作业中,分拣、配货要占全部劳动的60%,而且容易发生差错。如果在拣货配货作业中运用计算机管理系统,应用条形码技术,就可使拣货快速、准确,配货简单、高效,从而提高生产效率,节省劳动力,降低配送成本。

6. 制定配送成本标准

配送成本标准是配送成本控制的依据,配送成本标准包括配送成本预算中规定的各项指标,但配送成本预算中的一些指标都比较综合,还不能满足具体控制的要求,所以必须规定一系列具体的标准。

7. 监督配送成本的形成

要根据配送成本控制标准对配送成本形成的各个项目进行经常性检查、评比和监督。不仅要检查指标本身的执行情况,而且要检查和监督影响指标的各项条件,如设备、工作环境等。所以,配送成本日常控制要与配送作业控制结合起来进行。

二、降低配送成本的五种策略

(一)混合策略

混合策略是指配送业务一部分由企业自身完成。这种策略的基本思想是,尽管采用单一策略(即配送活动要么全部由企业自身完成,要么完全外包给第三方物流完成)易形成一定的规模经济,并使管理简化,但由于产品品种多变、规格不一、销量不等等情况,采用单一策略的配送方式超出一定程度不仅不能取得规模效益,反而还会造成规模不经济。而采用混合策略,合理安排企业自身完成的配送和外包给第三方物流完成的配送,能使配送成本最低。例如,美国一家干货生产企业为满足遍及全美的1 000家连锁店的配送需要,建造了6座仓库,并拥有自己的车队。随着经营的发展,企业决定扩大配送系统,计划在芝加哥投资7 000万美元再建一座新仓库,并配以新型的物料处理系统。该计划提交董事会讨论时,却发现这样不仅成本较高,而且就算仓库建起来也还是满足不了需要。于是,企业把目光投向租赁公共仓库,结果发现,如果企业在附近租用公共仓库,增加一些必要的设备,再加上原有的仓储设施,企业所需的仓储空间就足够了,并且总投资只需20万美元的设备购置费和10万美元的外包运费,再加上租金,也远没有700万美元之多。

(二)差异化策略

差异化策略的指导思想是:产品特征不同,顾客服务水平也不同。当企业拥有多种产品线时,不能对所有产品都按同一标准的顾客服务水平来配送,而应按产品的特点、销售水平,来设置不同的库存、不同的运输方式以及不同的储存地点,忽视产品的差异性会增加不必要的配送成本。例如,一家生产化学添加剂的公司,为降低成本,按各种产品的销售量比重进行分类:A类产品的销售量占总销售量的70%以上,B类产品占20%左右,C类产品则为 10% 左右。对 A 类产品,公司在各销售网点都备有库存,B 类产品只在地区分销中心备有库存而在各销售网点不备有库存,C 类产品连地区分销中心都不设库存,仅在工厂的仓库才有存货。经过一段时间的运行,事实证明这种方法是成功的,企业总的配送成本下降了 20% 之多。

(三) 合并策略

合并策略包含两个层次,一是配送方法上的合并;另一个则是共同配送。配送方法上的合并指企业在安排车辆完成配送任务时,充分利用车辆的容积和载重量,做到满载满装,从而降低成本。最好是借助电脑计算货物配车的最优解。

共同配送是一种产权层次上的共享,也称集中协作配送。它是几个企业联合集小量为大量,共同利用同一配送设施的配送方式,其标准运作形式是:在中心机构的统一指挥和调度下,各配送主体围绕经营活动(或以资产为纽带)联合行动,在较大的地域内协调运作,共同对某一个或某几个客户提供系列化的配送服务。这种配送有两种情况:一是中小生产、零售企业之间分工合作,实行共同配送,即同一行业或同一地区的中小型生产、零售企业在单独进行配送时运输量少、效率低,所以选择联合配送,这样不仅可减少企业的配送费用,配送能力得到互补,而且有利于缓和城市交通拥挤,提高配送车辆的利用率;第二种是几个中小型配送中心之间的联合,由于各配送中心所配物资数量少、车辆利用率低等原因,几个配送中心针对某一地区的用户,将用户所需物资集中起来,共同配送。

(四) 延迟策略

传统的配送计划安排中,大多数的库存是按照对未来市场需求的预测量设置的,这样就存在着预测风险,当预测量与实际需求量不符时,就会出现库存过多或过少的情况,从而增加配送成本。延迟策略的基本思想就是对产品的外观、形状及其生产、组装、配送应尽可能推迟到接到顾客订单后再确定。一旦接到订单就要快速反应,因此采用延迟策略的一个基本前提是信息传递要非常快。一般说来,实施延迟策略的企业应具备以下几个基本条件:①产品特征:模块化程度高,产品价值密度大,有特定的外形,产品特征易于表述,定制后可改变产品的容积或重量;②生产技术特征:模块化产品设计、设备智能化程度高、定制工艺与基本工艺差别不大;③市场特征:产品生命周期短、销售波动性大、价格竞争激烈、市场变化大、产品的提前期短。

实施延迟策略常采用两种方式:生产延迟(或称形成延迟)和物流延迟(或称时间延迟)。具体操作时,常常发生在诸如贴标签(形成延迟)、包装(形成延迟)、装配(形成延迟)和发送(时间延迟)等环节。美国一家生产金枪鱼罐头的企业就通过采用延迟策略改变配送方式,降低了库存水平。这家企业曾经为提高市场占有率,针对不同的市场设计了几种标签,产品生产出来后运到各地的分销仓库储存起来。由于顾客偏好不一,几种品牌的同一产品经常出现某种品牌畅销而缺货,另一些品牌却滞销压仓的情况。为解决这个问题,该企业改变以往的做法,在产品出厂时都不贴标签就运到各分销中心储存,当接到各销售网点的具体订货要求后,才按各网点指定的品牌标志贴上相应的标签,这样就有效地解决了矛盾,从而降低了库存。

(五) 标准化策略

标准化策略就是尽量减少因品种多变而导致附加配送成本的情况,尽可能多地采用标准零部件、模块化产品。如服装制造商按统一规格生产服装,直到顾客购买时才按顾客的身

材调整尺寸大小。采用标准化策略要求厂家从产品设计开始就要站在消费者的立场去考虑怎样节省配送成本，而不要等到产品定型生产出来了才考虑采用什么技巧降低配送成本。

第三部分　新概念、新技术、新标准

扫描二维码，
了解新概念、
新技术、新标准

第四部分　拓展知识

扫描二维码，
学习更多知识

项目 **7**
农产品配送绩效管理

 项目概况

　　乐实农配公司人事部主要负责公司人力资源工作的规划,建立并完善人力资源管理体系;负责拟定部门薪酬制度和方案,建立行之有效的激励和约束机制;制定绩效评价政策,组织实施绩效管理,并对各部门绩效评价过程进行监督和控制,及时解决其中出现的问题,使绩效评价体系能够落到实处,并不断完善绩效管理体系等工作。人事部目前有人事经理1名,薪资专员1名,绩效专员1名。随着公司人力资源队伍的壮大,对人力资源的管理越来越精细,2021年始,乐实农配公司人事部启动了绩效管理工作,在公司召开了"绩效管理工作动员大会",并在品控部、订单部、拣货部、调度部四部门开展绩效管理试点,同时开展了几次绩效检查工作,也发现了一些问题。年终到了,人事部按部门设计好了《××部门绩效考核表》,决定开展2021年部门绩效考核工作。

 项目内容

项目任务	技能相关知识	新概念、新技术、新标准
7.1　品控部绩效管理	品控部绩效管理知识	新标准:仓储绩效指标体系
7.2　订单部绩效管理	订单部绩效管理知识	新标准:农产品产地冷链物流服务规范
7.3　拣货部绩效管理	拣货部绩效管理知识	新标准:食品冷链物流交接规范
7.4　调度部绩效管理	调度部绩效管理知识	新标准:电子商务冷链物流配送服务管理规范

 项目目标

　　(1)知识目标:掌握关键绩效指标考核法体系,掌握关键绩效指标考核法的步骤,掌握农产品配送企业各部门绩效考核常用指标。

　　(2)技能目标:能根据公司各部门工作现状,开展绩效考核工作。

（3）价值目标：善于沟通,团结友善;处事冷静,情绪稳定;为人正直,风趣幽默;谦虚谨慎,善于学习。

相关岗位

人事经理
岗位职责：建立、健全公司人力资源管理制度;制定员工培训计划,组织技能考核鉴定和培训实施;制定公司年度招聘计划、负责组织公司人事招聘;负责公司全员劳动合同的签订和管理工作,协商处理劳动纠纷;组织制定公司绩效考核制度,定期进行员工考核;负责人事日报、月报、年报的审核,编制年度预算;监管、考核公司员工行政规范执行情况,完善内部管理制度;进行组织架构的设计,落实机构设置,监督定岗、定员、定薪等情况;做好员工关系工作,定期组织员工沟通会议。
任职资格：35～50岁,人力资源相关专业毕业,五年以上工作经验;熟悉人力资源各管理模块规范操作流程,熟悉劳动法律法规及相关政策,对事务性的工作有较娴熟的处理技巧;具备现代企业管理理念,能利用现代管理方法和管理手段对企业进行科学系统的管理,并具备良好的计划、组织、指挥、协调、控制等综合管理能力;具有较强的团队意识和较好的沟通能力,管理理念先进、工作执着、事业心强;工作作风踏实的,能保持良好的工作状态和应有的工作热情。
职业发展：人事经理一般是从人事主管晋升上来的,其职业发展方向为总经理。成为总经理,需要更加丰富的专业知识,更强大的沟通能力、组织协调力等素质。
薪资待遇：人事经理的薪酬一般在0.8万～1.5万每月,具体待遇因公司发展现状不同而相差较大。

绩效专员	薪资专员
岗位职责：依据公司战略,建立、完善公司绩效考核体系,设计或优化各部门的薪酬方案及相关绩效方案,并推动制度、方案宣导落地;对薪酬成本进行预算、分析及监控,定期出具人工成本分析、人效分析等相关报表;对绩效体系运行进行分析及监控,推动各部门及时干预绩效管理存在的问题,实现绩效改进;按时完成领导交办的其他工作。	**岗位职责**：依据公司战略,建立、完善公司绩效考核体系,参与制定并完善公司薪酬福利制度;负责HR系统的日常信息维护及检核;负责员工薪资福利、奖金核算及发放工作;负责内部薪资数据统计分析工作;负责员工晋升、薪资调薪工作;负责员工个税申报、社保公积金缴纳工作;按时完成领导交办的其他工作。
任职资格：本科及以上学历,人力资源管理专业;有1年以上薪酬、绩效管理的工作经验,熟悉劳动法等相关法律法规;熟练操作EXCEL函数的应用;极具耐心与细心,逻辑缜密,善于系统性思考;有一定的沟通表达能力,有较强的执行力和能动性。	**任职资格**：大学本科及以上学历,人力资源相关专业;1年以上HR相关工作经验,有薪资福利相关工作经验的优先考虑;熟练运用OFFICE办公软件,尤其精通EXCEL;具有良好的数据统计处理、逻辑分析、沟通协调、团队合作、学习领悟能力。
职业发展：绩效专员一般是校园招聘或社会招聘为主,其职业发展方向为人事经理。	**职业发展**：薪资专员一般是校园招聘或社会招聘为主,其职业发展方向为人事经理。
薪资待遇：绩效专员薪酬一般在0.8万～1.2万每月,具体待遇因公司发展现状不同而相差较大。	**薪资待遇**：薪资专员薪酬一般在0.8万～1.2万每月,具体待遇因公司发展现状不同而相差较大。

（备注：以上表格内容为在前程无忧网搜集、整理后的信息,仅供参考。整理时间：2021年12月。）

任务 7.1　品控部绩效考核

任务描述

乐实农配公司品控部主要负责配送中心青菜、蓬蒿、菜心、米苋、洋葱、黄瓜六种蔬菜,水晶梨、葡萄、黄桃、水蜜桃、蓝莓、西瓜六种水果和松江大米等 13 个品类的农产品的质量控制任务,配送中心平均库存金额总额为 850 万。截至 2021 年底,品控部现有气调保鲜库 6 个,其中,1 号库用于存放六种蔬菜,2 号库专用于存放水晶梨,3 号库专用于存放葡萄,4 号库专用于存放蓝莓,5 号库目前闲置,6 号库因故障待维修。另有快速农残检测设备 8 套,糖度检测仪 12 套,实现了对配送中心内所有农产品的全过程质量检测。在最近一次质量检测中,因黄桃、水蜜桃、西瓜三种水果没有采取保鲜措施,发现个别水蜜桃、西瓜腐烂变质,经评估腐烂变质水果价值为 1.2 万元。经统计,在 2021 年度 12 次品控环境检查中,11 次为良好,1 次为不合格;保鲜台账方面,个别工作人员存在漏记现象,实际开展保鲜措施 365 次,而有记录的仅为 121 次;客服部反馈,2021 年共有 85 位客户投诉,其中和农产品质量相关的有 11 个。

请根据乐实农配公司品控部的职责,结合以上资料,以乐实农配公司人事经理身份,确定品控部的 KPI 指标、权重、目标值,计算各指标的指标值,并对品控部 2021 年的绩效进行考核。

任务目标

知识目标:了解农产品配送公司品控部的部门职责和相关岗位职责,掌握农产品配送公司品控部绩效考核的主要指标;

技能目标:能根据公司品控部工作现状,开展绩效考核工作;

价值目标:具备"善于沟通、团结友善"的职业素养。

成果要求

《乐实农配公司品控部绩效考核报告》。

建议学时

3 学时,其中线上 1 学时,线下 2 学时。

第一部分　任务实施

一、工作流程

作业名称	品控部绩效考核	职能	绩效管理
作业部门	人事部	涉及部门	品控部
目的		规范品控部绩效管理,提高品控部绩效水平	

操 作 规 范	
工作流程图	操作说明
启动品控部 绩效考核工作	**负责岗位**：人事经理 **时间节点**：年终考核前
明确品控部 绩效考核的目的	**负责岗位**：人事经理 **工作内容**：了解品控部员工工作状况,作业效率等,发现存在的问题,明确考核目的 **涉及岗位**：人事专员、品控部主管
确定品控部 绩效考核的原则	**负责岗位**：人事经理 **工作内容**：讨论如何开展绩效考核,明确绩效考核的依据,确定考核原则 **涉及岗位**：人事专员、品控部主管
明确绩效考核方案 的适用范围	**负责岗位**：人事经理 **工作内容**：讨论绩效考核的对象,明确绩效考核方案的适用范围 **涉及岗位**：人事专员、品控部主管
明确品控部 绩效考核的程序	**负责岗位**：人事经理 **工作内容**：讨论绩效考核的步骤,明确相关的考核指标、考核时间节点、考核结果处理 **涉及岗位**：人事专员、品控部主管
开展品控部 绩效考核工作	**负责岗位**：人事经理 **工作内容**：按照程序开展绩效考核,务必做到公平、公正、公开 **涉及岗位**：人事专员、品控部主管
公布品控部绩效考核 的结果	**负责岗位**：人事经理 **工作内容**：公布品控部绩效考核结果 **涉及岗位**：人事专员
完毕	

二、学习步骤

（一）课前自主学习

1. 课前思

请根据"思政小课堂"分析思考：曹德鑫为什么要对品控部进行改造？曹德鑫对品控部进行了哪些改造？曹德鑫对品控部改造的效果如何？分析曹德鑫改造失败的原因。

扫描二维码，进入思政小课堂

2. 课前学

观看任务微课，并完成小测验。相关理论知识见本教材"必备知识"部分。

扫描二维码，观看微课

3. 课前做

当你在山区旅行迷路时，如何向陌生人问路？当你在路边捡到钱包，如何归还失主？当你开展社会调查时，如何向路人发起提问？当舍友之间闹矛盾时，你如何劝解他们？……

扫描二维码，完成小测验

（二）课中协作学习

1. 课中查

对课前学习任务的完成情况进行自查，根据学习不足之处，调整下一阶段的学习方法，制定新的学习策略，提升学习效果。

2. 课中练

第一步，组建团队，明确分工。一队一般有四到六人，模拟人事部职员，各队选队长一名，模拟人事经理，负责落实任务分工、监督任务实施、收发任务资料、汇报项目成果等；各队员模拟人事专员，均需编制完成《乐实农配公司品控部绩效考核报告》。

第二步，按照第一部分的工作流程图模拟实施任务。首先，确定"课前做"环节的"分享沟通技巧"任务已完成。其次，本次任务采取团队讨论与个人分析相结合的方式，各团队成员之间可以讨论明确品控部绩效考核的目的、原则、程序、主要指标等内容，但品控部绩效考核报告由各队员单独完成。过程中，如遇问题或有疑惑直接举手向教师求助。

第三步，各"人事专员"编制《乐实农配公司品控部绩效考核报告》。

3. 课中评

各团队依次汇报成果，各"人事经理"简述部门"人事专员"在讨论会上的表现，各"人事专员"汇报说明乐实农配公司品控部绩效考核结果。最后，教师对各队表现进行评价。

（三）课后探究学习

根据专业理论知识的学习及实训练习，结合自身体会撰写有一定深度的学习感悟，就学到的知识及掌握的技能在未来职业中的应用或创新发表感悟，要求 50 字以上，请在课后三日内完成。

三、学习成果

<table>
<tr><td colspan="6" align="center">乐实农配公司品控部绩效考核报告(2021年度)</td></tr>
<tr><td>任务名称</td><td>品控部绩效考核</td><td>实施方法</td><td colspan="2">模拟考核</td><td>成果归属</td><td>个人</td></tr>
</table>

任务名称	品控部绩效考核	实施方法	模拟考核	成果归属	个人
成果形式	考核报告	姓名		任务得分	

	考 核 内 容			
序号	KPI指标及指标值	权重	绩效目标值	考核得分
1				
2				
3				
4				
5				
6				
7				
8				
9				
10				
本次考核总得分				
考核指标说明				

考核结果及应用	部门绩效考核得分	95分以上	86～95分	76～85分	60～75分	60分以下
	部门绩效评定等级	杰出	优秀	良好	普通	需改进
	部门绩效奖励发放比例	15%	10%	10%	5%	0
	部门年终奖金发放标准	5万元	3万元	1万元	0	0

被考核部门负责人签字：　　　　　　　　　考核人签字：

第二部分　必备知识

一、农产品配送公司品控部职责描述

(一)品控部部门职责

(1)负责贯彻落实公司质量方针和质量目标,策划、组织公司质量管理体系的运行维护、绩效改善；

（2）负责公司各种品质管理制度的订立与实施，负责"5S""零缺陷""全面质量管理"等各种品质活动的组织与推动；

（3）负责对各部门品质管理工作进行内部质量审核；

（4）负责所有进入配送中心的农产品的品质标准、品质检验规程和各种质量记录表单的制订与执行，对出仓农产品质量负全部责任；

（5）负责全员品质教育、培训；

（6）负责各种质量责任事故的调查处理、各种品质异常的仲裁处理，配合客服中心对相关客户投诉与退货进行调查处理。

（二）品控部相关岗位职责

1. 品控部经理职责

（1）负责建立公司农产品品质标准、农产品采购验收标准体系；

（2）根据公司整体质量状况制定质量控制方案和工作计划；

（3）负责农产品采购、生产、出入库总检的环节，进行全程质量监督，并完成相关质量检查记录；

（4）负责质量汇总、调查及信息反馈；

（5）监控农产品加工包装过程，优化农产品保鲜包装，研究农产品保鲜包装对农产品质量的影响，并定期评估农产品加工包装或质量控制方案；

（6）农产品相关质量文件和记录的维护和控制；

（7）跟踪研究配送中心农产品损耗情况及原因，并提出改进措施；

（8）完成领导交付的其他任务。

2. 品控员工作职责

（1）主要负责水果、生鲜产品的品控（全部过程：入库检验、加工检验、出库检验、储藏等）；

（2）管理商家的操作规范（食品安全）；

（3）负责品控数据的采集、监控、核对与上传；

（4）负责仓内加工过程的培训及改进；

（5）负责仓内品控工作以及和产地经理的沟通汇报；

（6）负责对信息采集人员、品控人员及现场品控的管理；

（7）负责对集运仓供应商、代办等商家信息的采集管理；

（8）负责集运仓商家、代办的商业运营、培训、考评和更新；

（9）协调各部门的业务交接。

二、农产品配送公司品控部主要绩效考核指标

（一）农产品质量检测覆盖率

农产品质量检测覆盖率是指某时段内，在开展农产品出入库作业过程中，开展农产品质量检测的覆盖范围，一般为农产品质量检测种类数与配送中心农产品种类数的商。农产品质量检测覆盖率反映的是农产品配送中心对农产品质量的重视程度，这一指标越高，表示该农产品配送中心农产品仓库管理者对农产品质量越重视。

$$农产品质量检测覆盖率 = \frac{农产品质量检测种类数}{配送中心农产品种类数} \times 100\%$$

(二) 农产品保鲜措施覆盖率

农产品保鲜措施覆盖率是指某时段内,品控人员对配送中心农产品采取保鲜措施的比例,一般为采取保鲜措施的农产品种类数与配送中心农产品种类总数的商。农产品保鲜措施覆盖率反映的是农产品保鲜措施的应用范围,这一指标越高,表示该农产品配送中心的农产品品质保鲜能力越高。

$$农产品保鲜措施覆盖率 = \frac{采取保鲜措施农产品种类数}{配送中心农产品种类总数} \times 100\%$$

(三) 农产品损耗率

农产品损耗率是指某时段内,配送中心农产品损耗情况的指标,一般为损耗农产品金额与平均农产品库存总额的商。农产品损耗率反映的是农产品配送中心控制农产品损耗的能力,这一指标越低,表示该农产品配送中心控制损耗的能力越高。

$$农产品损耗率 = \frac{损耗农产品金额}{平均农产品库存总额} \times 100\%$$

(四) 配送中心环境良好率

环境良好率是指某时段内,在开展配送中心保鲜存储环境检查工作中,抽查结果为良好的比例,一般为配送中心环境抽查达到良好及以上水平的次数与环境抽查总次数的商。这一指标越高,表示该农产品配送中心的生鲜存储环境越好,农产品质量也越能得到保障。

$$配送中心环境良好率 = \frac{环境抽查良好及以上次数}{环境抽查总次数} \times 100\%$$

(五) 保鲜措施台账完整率

保鲜措施台账完整率是指某时段内,在开展台账检查工作过程中,保鲜措施台账信息完整的比例,一般为考核期内记录的保鲜措施条数与实际开展的保鲜措施条数的商。保鲜措施台账完整率反映的是配送中心保鲜台账的工作质量,这一指标越高,表示该配送中心台账管理水平越高。

$$保鲜措施台账完整率 = \frac{记录的保鲜措施条数}{实际开展的保鲜措施条数} \times 100\%$$

(六) 保鲜设施完好率

保鲜设施完好率是指某时段内,在开展保鲜设施检查工作过程中,配送中心保鲜设施完好的比例,一般为保鲜设施完好数与保鲜设施总数的商。保鲜设施完好率反映的是农产品配送中心设备管理水平,这一指标越高,表示该配送中心设备管理水平越高。

$$保鲜设施完好率 = \frac{保鲜设施完好数}{保鲜设施总数} \times 100\%$$

(七) 农产品质量投诉率

农产品质量投诉率是指某时段内,关于农产品质量相关的投诉在客服中心接到的所有投诉中的比例,一般为农产品质量投诉案件数与投诉案件总数的商。农产品质量投诉率反映的是农产品配送中心对于农产品质量的控制能力,这一指标越低,说明该配送中心农产品质量控制能力越高。

$$农产品质量投诉率 = \frac{农产品质量投诉案件数}{投诉案件总数} \times 100\%$$

第三部分　新概念、新技术、新标准

扫描二维码,
了解新概念、
新技术、新标准

第四部分　拓展知识

扫描二维码,
学习更多知识

任务7.2 订单部绩效考核

任务描述

乐实农配公司订单部主要负责配送中心与订单相关的所有工作,主要包括订单有效性分析、订单优先权分析、异常订单处理、订单数据分析、客户档案整理等工作。订单组目前有订单主管 1 名,订单专员 2 名,订单作业全年 365 天无休,每天工作 8 小时,周末两位订单员轮流排班。据 2021 年资料,公司客户档案数据库已基本建成,但仍有三分之一的客户档案资料不齐全,在为客户提供全方位高质量的服务上还有欠缺;在订单处理方面,订单组全年共受理客户订单 33 500 份,累计完成订单 32 485 份,累计处理错误订单 125份,因订单处理效率问题导致的延迟交货订单数为 89 份,客户取消订单数为 816 份,收到关于订单处理服务相关的投诉电话为 187 个。从数据上看,整体服务水平较去年有较大提高。

请根据乐实农配公司订单部的职责,结合以上资料,以乐实农配公司人事经理身份,确定订单部的 KPI 指标、权重、目标值,计算各指标的指标值,并对订单部 2021 年的绩效进行考核。

任务目标

知识目标:了解农产品配送公司订单部的部门职责和相关岗位职责,掌握农产品配送公司订单部绩效考核的主要指标;

技能目标:能根据公司订单部工作现状,开展绩效考核工作;

价值目标:具备"处事冷静、情绪稳定"的职业素养。

成果要求

《乐实农配公司订单部绩效考核报告》。

建议学时

3 学时,其中线上 1 学时,线下 2 学时。

第一部分　任务实施

一、工作流程

作业名称	订单部绩效考核	职能	绩效管理
作业部门	人事部	涉及部门	订单部
目的	规范订单部绩效管理,提高订单部绩效水平		

操作规范	
工作流程图	操作说明
启动订单部 绩效考核工作	**负责岗位:** 人事经理 **时间节点:** 年终考核前
明确订单部 绩效考核的目的	**负责岗位:** 人事经理 **工作内容:** 了解订单部员工工作状况,作业效率等,发现存在的问题,明确考核目的 **涉及岗位:** 人事专员、订单部主管
确定订单部 绩效考核的原则	**负责岗位:** 人事经理 **工作内容:** 讨论如何开展绩效考核,明确绩效考核的依据,确定考核原则 **涉及岗位:** 人事专员、订单部主管
明确绩效考核方案 的适用范围	**负责岗位:** 人事经理 **工作内容:** 讨论绩效考核的对象,明确绩效考核方案的适用范围 **涉及岗位:** 人事专员、订单部主管
明确订单部 绩效考核的程序	**负责岗位:** 人事经理 **工作内容:** 讨论绩效考核的步骤,明确相关的考核指标、考核时间节点、考核结果处理 **涉及岗位:** 人事专员、订单部主管
开展订单部 绩效考核工作	**负责岗位:** 人事经理 **工作内容:** 按照程序开展绩效考核,务必做到公平、公正、公开 **涉及岗位:** 人事专员、订单部主管
公布订单部绩效考 核的结果	**负责岗位:** 人事经理 **工作内容:** 公布订单部绩效考核结果 **涉及岗位:** 人事专员
完毕	

二、学习步骤

(一) 课前自主学习

1. 课前思

请根据"思政小课堂"分析思考：司马懿为何选择引兵退去？诸葛亮是如何以少胜多的？作为一个领导，应具备诸葛亮身上的哪些素质？请分析曹德鑫改造失败的原因。

2. 课前学

观看任务微课，并完成小测验。相关理论知识见本教材"必备知识"部分。

3. 课前做

情绪是个体对外界刺激的主观的、有意识的体验和感受，具有心理和生理反应的特征。人们的行为分为喜、怒、忧、思、悲、恐、惊，每一种情绪都影响着我们的行为。过于激动触发的情绪往往对我们的生活或工作产生不利的结果，甚至酿成大祸。请思考你情绪过于激动时的行为表现及导致的后果。

扫描二维码，进入思政小课堂

扫描二维码，观看微课

扫描二维码，完成小测验

(二) 课中协作学习

1. 课中查

对课前学习任务的完成情况进行自查，通过课程平台配合教师完成课前预习效果小测验，根据学习不足之处，调整下一阶段的学习方法，制定新的学习策略，提升学习效果。

2. 课中练

第一步，组建团队，明确分工。一队一般有四到六人，模拟人事部职员，各队选队长一名，模拟人事经理，负责落实任务分工、监督任务实施、收发任务资料、汇报项目成果等；各队员模拟人事专员，均需编制完成《乐实农配公司订单部绩效考核报告》。

第二步，按照第一部分的工作流程图模拟实施任务。首先，确定"课前做"环节的"情绪爆发小故事"任务已完成。其次，本次任务采取团队讨论与个人分析相结合的方式，各团队成员之间可以讨论明确订单部绩效考核的目的、原则、程序、主要指标等内容，但订单部绩效考核报告由各队员单独完成。过程中，如遇问题或有疑惑直接举手向教师求助。

第三步，各"人事专员"编制《乐实农配公司订单部绩效考核报告》。

3. 课中评

各团队依次汇报成果，各"人事经理"简述部门"人事专员"在讨论会上的表现，各"人事专员"汇报说明乐实农配公司订单部绩效考核结果。最后，教师对各队表现进行评价。

(三) 课后探究学习

根据专业理论知识的学习及实训练习，结合自身体会撰写有一定深度的学习感悟，就学到的知识及掌握的技能在未来职业中的应用或创新发表感悟，要求 50 字以上，请在课后三日内完成。

三、学习成果

乐实农配公司订单部绩效考核表(2021年度)					
任务名称	订单部绩效考核	实施方法	模拟考核	成果归属	个人
成果形式	考核表	姓名		任务得分	
考核内容					
序号	KPI指标及指标值	权重	绩效目标值		考核得分
1					
2					
3					
4					
5					
6					
7					
8					
9					
10					
本次考核总得分					
考核指标说明					
考核结果及应用	部门绩效考核得分	95分以上	86~95分	76~85分	60~75分	60分以下
	部门绩效评定等级	杰出	优秀	良好	普通	需改进
	部门绩效奖励发放比例	15%	10%	10%	5%	0
	部门年终奖金发放标准	5万元	3万元	1万元	0	0
被考核部门负责人签字: 考核人签字:					

第二部分 必备知识

一、关键绩效指标考核法概述

(一)关键绩效指标考核法的概念

关键绩效指标(Key Performance Indicator，KPI)是通过对组织内部流程的输入端、输出端的关键参数进行设置、取样、计算、分析,衡量流程绩效的一种目标式量化管理指标,是把企业的战略目标分解为可操作的工作目标的工具,是企业绩效管理的基础。部门主管可以用KPI来明确部门的主要责任,并以此为基础,明确部门人员的业绩衡量指标。建立明确的切实可行的KPI体系,是做好绩效管理的关键。关键绩效指标是用于衡量工作人员工作绩效表现的量化指标,是绩效计划的重要组成部分。

关键绩效指标考核法的精髓,是指出企业业绩指标的设置必须与企业的战略挂钩,"关键"两字的含义即是指在一阶段企业在战略上要解决的最主要的问题。例如,处于超常增长状态的企业,业务迅速增长,此时企业的组织结构迅速膨胀、员工队伍极力扩充、管理及技能短缺、流程及规范不健全成为制约企业有效应对高增长的主要问题。解决这些问题便成为该阶段对企业具有战略意义的关键所在,绩效管理体系则相应地必须针对这些问题的解决设计管理指标。

(二) 关键绩效指标考核法的必要性

企业的生产过程是劳动者运用劳动工具改变劳动对象的过程。在企业生产的三个基本要素(劳动力、劳动资料、劳动对象)中,劳动力是最重要的因素,正确地统计、分析、预测劳动生产力指标,对于企业有序地组织生产、充分开发并合理利用人力资源有着重要意义。

关键绩效指标符合一个重要的管理原理——"二八原理"。在一个企业的价值创造过程中,存在着"20/80"的规律,即20%的骨干人员创造企业80%的价值;而在每一位员工身上"二八原理"同样适用,即80%的工作任务是由20%的关键行为完成的。因此,必须抓住20%的关键行为,对之进行分析和衡量,这样就能抓住业绩评价的重心。

(三) 关键绩效指标考核法的优缺点

优点是标准比较鲜明,易于做出评估。缺点是对简单的工作制定标准难度较大;缺乏一定的定量性;绩效指标只是一些关键的指标,对于其他内容缺少一定的评估,应当适当地注意。

二、建立关键绩效指标体系

(一) 建立关键绩效指标体系的步骤

确立KPI的要点在于流程性、计划性和系统性,KPI考核法具体的工作流程如下:

1. 确定业务重点

明确企业的战略目标,在企业会议上利用头脑风暴法和鱼骨分析法找出企业的业务重点,也就是企业价值评估重点。然后,再用头脑风暴法找出这些关键业务领域的关键业绩指标(KPI),即企业级KPI。

2. 分解出部门级KPI

各部门的主管需要依据企业级KPI建立部门KPI,确定相关的要素目标,分析绩效驱动因素(技术、组织、人),确定实现目标的工作流程,分解出各部门级的KPI,以便确定评价指标体系。

3. 分解出个人的KPI

各部门KPI人员一起再将KPI进一步细分,分解为更细的KPI及各职位的业绩衡量指标。这些业绩衡量指标就是员工考核的要素和依据。这种对KPI体系的建立和测评过程本身,就是统一全体员工朝着企业战略目标努力的过程,也必将对各部门治理者的绩效治理工作起到很大的促进作用。

4. 设定评价标准

评价指标指的是从哪些方面衡量工作,解决"评价什么"的问题;而标准指的是在各个指标上分别应该达到什么样的水平,解决"被评价者怎样做,做多少"的问题。

5. 审核关键绩效指标

比如,审核这样的一些问题:多个评价者对同一个绩效指标进行评价,结果是否能取得一致?这些指标的总和是否可以解释被评估者 80% 以上的工作目标?跟踪和监控这些关键绩效指标是否可以操作等等。审核主要是为了确保这些关键绩效指标能够全面、客观地反映被评价对象的绩效,而且易于操作。

每一个职位都影响某项业务流程的一个过程,或影响过程中的某个点。在订立目标及进行绩效考核时,应考虑职位的任职者是否能控制该指标的结果,如果任职者不能控制,则该项指标就不能作为任职者的业绩衡量指标。比如,跨部门的指标就不能作为基层员工的考核指标,而应作为部门主管或更高层主管的考核指标。

绩效管理是管理双方就目标及如何实现目标达成共识的过程,以及增强员工成功地达到目标的能力的管理方法。管理者给下属订立工作目标的依据来自部门的 KPI,部门的 KPI 来自上级部门的 KPI,上级部门的 KPI 来自企业级 KPI。只有这样,才能保证每个职位都是按照企业要求的方向去努力。善用 KPI 考评企业,将有助于企业组织结构集成化,提高企业的效率,精简不必要的机构、不必要的流程和不必要的系统。

(二) 难点分析

1. 设定考核目标

即每一个 KPI 指标在公司会计年度应达到的目标值,一般采用同比增长或预算完成来核算。目标设定是 KPI 考核中考核方和被考核者较难协调的问题。若目标定得过高,被考核者无法达成目标,就会放弃努力,反而达不到激励的目的,从而失去 KPI 考核的意义;若目标定得过低,则会导致被考核者不重视、不关心,也会失去 KPI 考核的意义。可以说如何设计吻合公司长远战略的,又有挑战性的,并且是通过被考核者的主观努力可以达到的目标是考核方的管理难题。一般而言,只要数据全面,方法科学,沟通好,考核目标的设定问题也是可以协商到位的。

2. 确保考核公平

所谓公平是指在公司内部或外部从事同类业务或管理工作中,运用 KPI 考核时的机会均等。不公平是指要么没有为被考核者设置同一起跑线,导致参与者机会不均等;要么是考核结果让参与者感觉或认为差距太大,无法接受;或者有的人努力了或有业绩了但 KPI 考核结果却不好,而不努力或没业绩的人 KPI 考核结果却很好。这样的不公平最容易导致 KPI 考核失效,严重的会冲击公司业绩导向的核心文化,打击做事人的积极性,有能力的人才留不住,最终导致公司竞争力的下降。所以说公平是被考核者最为关注的问题,也是 KPI 考核中的核心问题,往往也是实际工作中考核方最容易忽视的问题。

KPI 考核中的公平问题包括两方面,一是起点公平,二是结果公平。所谓起点公平是让参与者处在同一起跑线,人人有机会,人人机会均等,这是指公平竞争环境问题,是机制问题,是 KPI 考核的实质。KPI 考核就是要实现这样的牵引,调动参与者的积极性。所谓结果公平是指考核结果的平均化,即差距不大,大多数参与者都能接受。显然起点公平才是真正的公平,起点公平机制的设计才是 KPI 考核设计中的核心。就如同马拉松比赛一样,其比赛规则是所有参赛者都在同一起跑线上,指令枪一响,大家一同奔向前方,至于谁第一,谁落后,甚至中途掉队,就要看参赛者个人的能力,或平时训练的水平了,最终结果总会比出个一二三来,因为能者胜出。这个比赛规则承认参赛者个体差异,承认结果的差异,更强调起点的公平。若追求结果公平,无论谁都一样,则比赛就没有意义了,能人就不愿出力,甚至会退出比赛。

3. 制定考核方案

在制定关键绩效指标考核方案时,一般包括考核目的、考核原则、考核对象、考核时间、考核指标体系、考核指标说明等内容。

三、农产品配送公司订单部职责描述

(一)订单部部门职责

(1)协助配送经理做好公司客服部、品控部、物料部、拣货部、调度部等部门的沟通协调工作,做好部门内日常工作安排;

(2)负责客户订单处理相关工作,包括客户订单确认、订单跟踪、订单汇总、订单分析工作。

(3)与客服部协调做好各单据优化工作,与品控部协调做好品控相关单据工作,与物料部协调做好物料领用相关单据工作,与拣货部协调做好拣货单执行工作,与调度部协调做好送货单、派车单编制工作;

(4)负责及时了解公司销售计划、销售政策、库存信息;

(5)负责公司订单数据的分析汇总、销售预测,协助公司制订采购计划;

(6)负责制订订单部工作计划及订单专员培训;

(7)完成经理交办的其他工作事项。

(二)订单部相关岗位职责

1. 订单部经理职责

(1)负责及时了解货源信息、库存信息、销售政策、品牌培育等信息;

(2)负责制订本部门的月工作计划和销售预测;

(3)负责积极做好与上级管理部门、各个营销部、客户服务部、配送中心的工作协调;

(4)负责各订单专员的政治思想工作、业务学习与培训;

(5)负责召开夕例会,对当天的订单处理工作进行总结,个性问题单独谈话,共性问题例会提醒;

(6)负责了解电话接单员的工作进展情况和工作质量,及时解答电话接单员呼叫过程中遇到的问题,并把有关信息反馈给上级部门。

2. 订单专员工作职责

(1)负责审核客户订单农产品、数量、价格,确保准确率;

(2)负责出货开单、跟踪物流,确保货物准确及时交付;

(3)准备相关送货单据文件及系统上传、邮件预约;

(4)负责订单分析,包括对库存数据、销售数据分析,准确判断订单需求;

(5)负责跟仓库、物流沟通,负责运输过程中与客户及公司内部人员的沟通协调;

（6）订单完成后及时录入 ERP 系统相关数据，上报采购；

（7）做好客户资料的管理，分析汇总各客户农产品订单数据，了解各客户购买行为习惯。

四、农产品配送公司订单部主要绩效考核指标

（一）客户档案资料完备率

客户档案资料完备率是指某时段内，在开展农产品订单客户档案资料整理工作中，已经具备的完善的客户档案资料情况，一般为已完善的客户档案资料数与公司客户总数的商。客户档案资料完备率反映的是配送中心对客户档案工作的推进程度，这一指标值越大，表示该农产品配送中心客户档案资料越齐全，在开展客户回访、节日问候、促销宣传、配送交接等活动时更加便捷高效。

$$客户档案资料完备率 = \frac{已完善的客户档案资料数}{公司客户总数} \times 100\%$$

（二）日均受理订单数

日均受理订单数是指某时段内，在开展订单处理工作的过程中，平均每天受理的客户订单数，一般为考核期内总订单数与考核期工作天数的商。日均受理订单数反映的是订单部处理订单的水平和能力，这一指标值越大，表示订单部处理订单的能力越强。

$$日均受理订单数 = \frac{考核期总订单数}{考核期工作天数} \times 100\%$$

（三）客户订单完成率

客户订单完成率是指某时段内，在开展订单处理工作过程中，订单部门处理完成的订单情况，一般为考核期内完成订单数与考核期接单总数的商。客户订单完成率反映的是订单部处理订单的能力和效率，这一指标值越大，表示订单部处理订单的能力越强。

$$客户订单完成率 = \frac{考核期完成订单数}{考核接单总数} \times 100\%$$

（四）订单均耗时

订单均耗时是指某时段内，在开展订单处理工作的过程中，每份客户订单的用时情况，一般为考核期工作时长与考核期内完成订单数的商。订单均耗时反映的是订单部处理订单的熟练程度，这一指标值越小，表示订单均耗时越短，订单专员处理单据的熟练程度越强。

$$订单均耗时 = \frac{考核期工作时长}{考核期内完成订单数} \times 100\%$$

（五）人均处理订单数

人均处理订单数是指某时段内，在开展订单处理工作的过程中，每位订单专员处理的客户订单个数，一般为考核期内完成订单数与考核期订单专员数的商。人均处理订单数反映的是订单专员订单处理技能的熟练程度，这一指标值越大，表示订单专员的工作熟练程度越强。

$$人均处理订单数 = \frac{考核期完成订单数}{考核期订单专员数} \times 100\%$$

（六）订单完成准确率

订单完成准确率是指某时段内,在开展订单处理工作的过程中,订单部门完成订单的准确率情况,一般为完成订单正确数与完成订单总数的商。订单完成准确率反映的是订单专员处理订单的精确程度,这一指标值越大,表示订单专员的工作准确率越高。

$$订单完成准确率 = \frac{完成订单正确数}{完成订单总数} \times 100\%$$

（七）订单延迟率

订单延迟率是指某时段内,在开展订单处理工作的过程中,订单部门延迟交货的订单情况,一般为延迟交货的订单数与总交货订单数的商。订单延迟率反映的是订单交货的延迟状况,这一指标值越低,表示延迟交货的订单数越少,表示订单部的工作计划性越强。

$$订单延迟率 = \frac{延迟交货订单数}{总交货订单数} \times 100\%$$

订单农产品延迟率是订单延迟率的另一种表达方式,是指某时段内,在开展订单处理工作的过程中,订单部门延迟交货的农产品情况,一般为延迟交货量与总出货量的商。订单农产品延迟率反映的是在所有的订单农产品中,延迟交货的农产品数量,这一指标越低,表示延迟交货的农产品数量越少。

$$订单农产品延迟率 = \frac{延迟交货量}{总出库量} \times 100\%$$

（八）紧急订单响应率

紧急订单响应率是指某时段内,在开展订单处理工作的过程中,订单部门处理客户要求12小时内完成的紧急订单的能力,一般为未超12小时出货订单数与总订单数的商。紧急订单响应率反映的是订单部门快速处理紧急订单的能力,这一指标值越高,表示处理紧急订单的能力越强。

$$紧急订单响应率 = \frac{未超12小时出货订单数}{总订单数} \times 100\%$$

（九）客户取消订单率

客户取消订单率是指某时段内,在开展订单处理工作的过程中,订单部门处理的订单中,客户因各种原因取消的订单数,一般为客户取消订单数与总订单数的商。客户取消订单率反映的是公司的整体服务水平,不但包含农产品质量,还包括配送时效、客户服务水平等,这一指标值越低,说明配送公司的服务水平越高。

$$客户取消订单率 = \frac{客户取消订单数}{总订单数} \times 100\%$$

（十）客户抱怨订单率

客户抱怨订单率是指某时段内,在开展订单处理工作的过程中,订单部门处理的订单中,客户因各种原因发起投诉的订单数,一般为客户抱怨订单数与总订单数的商。客户抱怨订单数反映是公司的整体服务水平,不但包含农产品质量,还包括配送时效、客户服务水平等,这一指标值越低,说明配送公司的服务水平越高。

$$客户抱怨订单率 = \frac{客户抱怨订单数}{总订单数} \times 100\%$$

第三部分　新概念、新技术、新标准

扫描二维码,
了解新概念、
新技术、新标准

第四部分　拓展知识

扫描二维码,
学习更多知识

任务7.3　拣货部绩效考核

任务描述

　　乐实农配公司拣货部主要负责配送中心的拣货相关工作,设有人工拣货区和电子拣货区,主要采用摘果式、播种式两种拣货方式,拣货部有拣货主管1名,工资福利为10 000元每月,拣货专员4名,工资福利为12 000元每月。拣货作业全年365天无休,每天工作8小时,其中,每天拣货作业时间平均为4小时,周末拣货专员轮流排班。拣货部现有电子拣货设备一套,为2021年1月花12万元买进,使用寿命为5年;手推车8辆,为2020年9月以每辆900元买进,使用寿命为6年;手持终端6部,为2020年12月每部花1.2万元买进,使用寿命为5年。据2021年资料,公司全年共受理客户订单33 500份,累计完成订单32 485份,共涉及青菜、西瓜等13个品项,据GPS数据,4位拣货员2021年拣货期间人均移动距离为2 120 km。拣货操作原因导致的问题订单有398份。

　　请根据乐实农配公司品控部的职责,结合以上资料,以乐实农配公司人事经理身份,确定品控部的KPI指标、权重、目标值,计算各指标的指标值,并对品控部2021年的绩效进行考核。

任务目标

　　知识目标:了解农产品配送公司拣货部的部门职责和相关岗位职责,掌握农产品配送公司拣货部绩效考核的主要指标;

　　技能目标:能根据公司拣货部工作现状,开展绩效考核工作;

　　价值目标:具备"为人正直、风趣幽默"的职业素养。

成果要求

　　《乐实农配公司拣货部绩效考核报告》。

建议学时

　　1.5学时,其中线上0.5学时,线下1学时。

第一部分 任务实施

一、工作流程

作业名称	拣货部绩效考核	职能	绩效管理
作业部门	人事部	涉及部门	拣货部
目的	规范拣货部绩效管理,提高拣货部绩效水平		
操 作 规 范			
工作流程图		操作说明	

工作流程图	操作说明
启动拣货部绩效考核工作	**负责岗位**:人事经理 **时间节点**:年终考核前
明确拣货部绩效考核的目的	**负责岗位**:人事经理 **工作内容**:了解拣货部员工工作状况、作业效率等,发现存在的问题,明确考核目的 **涉及岗位**:人事专员、拣货部主管
确定拣货部绩效考核的原则	**负责岗位**:人事经理 **工作内容**:讨论如何开展绩效考核,明确绩效考核的依据,确定考核原则 **涉及岗位**:人事专员、拣货部主管
明确绩效考核方案的适用范围	**负责岗位**:人事经理 **工作内容**:讨论绩效考核的对象,明确绩效考核方案的适用范围 **涉及岗位**:人事专员、拣货部主管
明确拣货部绩效考核的程序	**负责岗位**:人事经理 **工作内容**:讨论绩效考核的步骤,明确相关的考核指标、考核时间节点、考核结果处理 **涉及岗位**:人事专员、拣货部主管
开展拣货部绩效考核工作	**负责岗位**:人事经理 **工作内容**:按照程序开展绩效考核,务必做到公平、公正、公开 **涉及岗位**:人事专员、拣货部主管
公布拣货部绩效考核的结果	**负责岗位**:人事经理 **工作内容**:公布拣货部绩效考核结果 **涉及岗位**:人事专员
完毕	

二、学习步骤

（一）课前自主学习

1. 课前思

请根据"思政小课堂"分析思考：祁黄羊是一个什么样的人？在企业选人用人时,应注意哪些事项？

扫描二维码,进入思政小课堂

2. 课前学

观看任务微课,并完成小测验。相关理论知识见本教材"必备知识"部分。

扫描二维码,观看微课

3. 课前做

每一个班级都有一批班干部,一个好的班级离不开品学兼优的好干部,你做过班干部吗？请从一个普通学生的角度分析,一个班级好干部应具备哪些素质？如何做一个好班干部？

扫描二维码,完成小测验

（二）课中协作学习

1. 课中查

对课前学习任务的完成情况进行自查,通过课程平台配合教师完成课前预习效果小测验,根据学习不足之处,调整下一阶段的学习方法,制定新的学习策略,提升学习效果。

2. 课中练

第一步,组建团队,明确分工。一队一般有四到六人,模拟人事部职员,各队选队长一名,模拟人事经理,负责落实任务分工、监督任务实施、收发任务资料、汇报项目成果等;各队员模拟人事专员,均需编制完成《乐实农配公司拣货部绩效考核报告》。

第二步,按照第一部分的工作流程图模拟实施任务。首先,确定"课前做"环节的"班级好干部的标准"任务已完成。其次,本次任务采取团队讨论与个人分析相结合的方式,各团队成员之间可以讨论明确拣货部绩效考核的目的、原则、程序、主要指标等内容,但拣货部绩效考核报告由各队员单独完成。过程中,如遇问题或有疑惑直接举手向教师求助。

第三步,各"人事专员"编制《乐实农配公司拣货部绩效考核报告》。

3. 课中评

各团队依次汇报成果,各"人事经理"简述部门"人事专员"在讨论会上的表现,各"人事专员"汇报说明乐实农配公司拣货部绩效考核结果。最后,教师对各队表现进行评价。

（三）课后探究学习

根据专业理论知识的学习及实训练习,结合自身体会撰写有一定深度的学习感悟,就学到的知识及掌握的技能在未来职业中的应用或创新发表感悟,要求50字以上,请在课后三日内完成。

三、学习成果

乐实农配公司拣货部绩效考核表(2021 年度)						
任务名称	拣货部绩效考核	实施方法	模拟考核		成果归属	个人
成果形式	考核表	姓名			任务得分	
考 核 内 容						
序号	KPI 指标及指标值		权重	绩效目标值		考核得分
1						
2						
3						
4						
5						
6						
7						
8						
9						
10						
本次考核总得分						
考核指标说明						
考核结果及应用	部门绩效考核得分	95 分以上	86～95 分	76～85 分	60～75 分	60 分以下
	部门绩效评定等级	杰出	优秀	良好	普通	需改进
	部门绩效奖励发放比例	15%	10%	10%	5%	0
	部门年终奖金发放标准	5 万元	3 万元	1 万元	0	0
被考核部门负责人签字：　　　　　　　　　　考核人签字：						

第二部分　必备知识

一、农产品配送中心拣货部职责描述

（一）拣货部部门职责

（1）根据单据部交付的拣货单及时准确地完成拣货任务,确保配货准确率；

（2）在拣货过程中，如发现农产品损耗，或者农产品与货位标示、批号、规格标示不符等情况，及时向拣货主管反馈，确保拣货区域农产品的准确率、完好率；

（3）对拣货单格式和内容提出修订意见，以提高拣货单的适用性和高效性；

（4）加强拣货部管理的各类设施设备的安全管理与维护，保证各类设施设备的完好性；

（5）加强对现代化拣货设备的学习，不断引进新型拣货设备，提高拣货效率；

（6）加强拣货人员的管理与培训，不断提高拣货人员的操作技能、拣货速度、拣货准确率；

（7）与仓储部密切配合，提出改进仓储部库存准确率与完好率的措施，共同改善农产品的保鲜存储，提高配送准确率与完好率。

（二）拣货部相关岗位职责

1. 拣货部主管职责

（1）制订年度工作计划，解决部门工作中存在的问题，提出工作建议；

（2）优化工作流程，制订拣货作业工作标准，开展培训学习，控制部门工作成本；

（3）依据拣货工作任务，合理分配任务，并落实到各个班组，掌握拣货和分播的进度，保证车间的各项任务按时、按量完成；

（4）全面负责本部门安全生产，遵守各项规章制度和工作流程图的正确实施，确保拣货人员人身安全和设备安全；

（5）严格规范拣货操作管理，杜绝野蛮拣货行为，确保农产品安全；

（6）督促并指导下属开展工作，及时解决并分析工作中出现的异常问题；

（7）负责本部门的工作优化与提升（如人效等）。

2. 拣货专员工作职责

（1）严格遵守公司及拣货部门的各项规章制度，服从上级领导安排的各项工作；

（2）严格按照拣货单顺序拣货，控制拣货的准确率与时效；

（3）遵循农产品先进先出的原则，不随意乱翻货架商品，不可乱塞、乱放货架商品，拣货时注意检查农产品保质期及品质；

（4）规范操作设施设备，轻拿轻放，最大程度保护农产品质量；

（5）合理使用设备，下班前检查设备是否正常，确保第二天工作能正常运行；

（6）协助理货组盘点库存。

二、农产品配送公司拣货部主要绩效考核指标

（一）拣货时间率

拣货时间率是指某时段内，拣货部门在开展农产品拣货工作过程中，拣货时数占工作总时数的比重，一般为考核期拣货时数与考核期工作总时数的商。拣货时间率是主要反映拣货耗费时间是否合理的指标，这一指标值越大，表示配送中心的人员、设备、工作任务之间的匹配度越高。但也不是越大越好，要在拣货部门能顺利完成各项工作的前提下，这一指标值才越大越好。因为一旦拣货时间占工作时间的比率较高，将很容易延误出货时间，其可能原因在于出货量多，或拣货人员少，或拣货效率低，而究竟是哪一原因所造成，仍需进一步结合其他业绩、人员、效率指标来探讨。表 7-1 为参考拣货时间统计表。

$$\text{拣货时间率} = \frac{\text{考核期拣货时数}}{\text{考核期工作总时数}} \times 100\%$$

表 7-1　拣货时间统计表

拣货时间统计表						
日期	拣货单号	拣货时间			拣货人员	拣货设备
		开始	结束	经过时间		

（二）每人时拣取品项数

每人时拣取品项数是指某时段内，拣货部门在开展农产品拣货工作的过程中，平均每人每小时的拣货品项数，一般为订单总品项数与拣货人员数、每日拣货时数、工作天数之积的商。每人时拣取品项数反映的是拣货人员的拣货效率高低，这一指标越高，表示在单位时间内每位人员的拣货效率越高。

$$\text{每人时拣取品项数} = \frac{\text{订单总品项数}}{(\text{拣货人员数} \times \text{每日拣货时数}) \times \text{工作天数}} \times 100\%$$

（三）单位时间处理订单量

单位时间处理订单量是指某时段内，拣货人员在单位时间内处理的订单数量，一般为考核期内处理订单数量与考核期内拣货总时数的商。单位时间处理订单量反映的是配送中心拣货作业的能力，这一指标值越大，表示拣货作业能力越强。

$$\text{单位时间处理订单量} = \frac{\text{处理订单数量}}{\text{拣货时数} \times \text{工作天数}} \times 100\%$$

（四）拣取能量使用率

拣取能量使用率是指某时段内，拣货部门在开展农产品拣货工作的过程中，实际完成订单数量占计划完成订单数量的比例，一般为考核期内完成订单数量与每日目标拣货订单数、考核期工作日数之积的商。拣取能量使用率是反映拣货能量及其使用率的指标，用以判断如今的拣货业绩是否与投入资源相匹配，这一指标值越大，表示拣货部门的拣取能力越大。

$$\text{拣取能量使用率} = \frac{\text{考核期完成订单数量}}{\text{每日目标拣货订单数} \times \text{考核期工作日数}} \times 100\%$$

（五）拣货员人均负责品项数

拣货人员人均负责品项数是指某时段内，拣货人员在开展农产品拣货工作过程中，平均每位拣货员负责的农产品品项数，一般为配送中心农产品品项总数与拣货人员总人数的商。配送中心在分配拣货任务时，一般先将配送中心分成几个区域，再根据拣货任务大小，将各区域分配给相应的拣货员。拣货员人均负责品项数是反映拣货员的工作负荷与效率是否得当的指标，这一指标越高，说明拣货员的工作强度越大。

$$拣货员人均负责品项数 = \frac{总品项数}{拣货人员总人数} \times 100\%$$

(六) 拣货单均移动距离

拣货单均移动距离是指某时段内,拣货人员完成每份拣货单所移动的距离,一般为拣货行走移动距离与完成拣货单总数的商。拣货单均移动距离反映的是拣货员拣货时行走路线是否合理、拣货区货位的布置是否得当,这一指标值越大,表示每份拣货单的移动距离越长,拣货员的体力消耗越大。

$$拣货单均移动距离 = \frac{拣货行走移动距离}{完成拣货单总数} \times 100\%$$

(七) 拣货人员装备率

拣货人员装备率是指某时段内,拣货作业使用的设施设备投入情况,一般为拣货设备成本与拣货人员总数的商。拣货人员装备率反映的是公司对拣货作业的投资程度,也用于反映该投资程度下的拣货效率产出情况,这一指标值越大,表示公司对拣货作业的资金投入越大。

$$拣货人员装备率 = \frac{拣货设备成本}{拣货人员总数} \times 100\%$$

(八) 每订单投入拣货成本

每订单投入拣货成本是指某时段内,完成每份客户订单的拣货任务投入的成本,一般为拣货投入成本与处理订单总数的商。每订单投入拣货成本反映的是完成一定拣货任务的成本投入情况,这一指标值越大,表示公司在拣货作业中投入的成本越高,当然也要看各订单拣货任务的大小。

$$每订单投入拣货成本 = \frac{拣货投入成本}{处理订单总数} \times 100\%$$

(九) 拣货差错率(拣误率)

拣货差错率也称拣误率,是指某时段内,在完成的拣货订单中出现差错订单的比例,一般为拣取错误订单数与订单总数的商。拣货差错率是反映拣货作业质量的指标,这一指标值越大,说明拣货作业质量越低。

$$拣误率 = \frac{拣取错误订单数}{订单总数} \times 100\%$$

第三部分　新概念、新技术、新标准

扫描二维码,
了解新概念、
新技术、新标准

第四部分　拓展知识

扫描二维码，
学习更多知识

任务7.4 调度部绩效考核

任务描述

乐实农配公司调度部主要负责配送中心与车辆调度相关的所有工作,主要包括车辆调度、装车配载、配送交接、驾驶员管理等工作。调度部目前有调度主管1名、调度专员2名、驾驶员10名、配送专员14名,冷藏车8辆、常温箱式货车2辆。据2021年资料,调度部计划配送量为31 000吨,实际配送量为29 800吨,其中,按照配送时间要求完成的配送量为650吨;计划配送农产品总金额为4.5亿,实际配送农产品总金额为3.8亿,其中损耗农产品总价值为390万;计划配送车次12 000次,实际配送车次9 850次,其中,调整配送路线次数178次,因各种原因延迟配送车次260次;抽样检查装卸车规范情况185次,其中不规范装卸车现象达29次。从数据上看,调度部的整体服务水平较去年有较大提高。

请根据乐实农配公司调度部的职责,结合以上资料,以乐实农配公司人事经理身份,确定调度部的KPI指标、权重、目标值,计算各指标的指标值,并对调度部2021年的绩效进行考核。

任务目标

知识目标:了解农产品配送公司调度部的部门职责和相关岗位职责,掌握农产品配送公司调度部绩效考核的主要指标;

技能目标:能根据公司调度部工作现状,开展绩效考核工作;

价值目标:具备"谦虚谨慎、善于学习"的职业素养。

成果要求

《乐实农配公司调度部绩效考核报告》。

建议学时

1.5学时,其中线上0.5学时,线下1学时。

第一部分 任务实施

一、工作流程

作业名称	调度部绩效考核	职能	绩效管理
作业部门	人事部	涉及部门	调度部
目的	规范调度部绩效管理，提高调度部绩效水平		
操 作 规 范			
工作流程图		操作说明	

工作流程图	操作说明
启动调度部绩效考核工作	**负责岗位：**人事经理 **时间节点：**年终考核前
明确调度部绩效考核的目的	**负责岗位：**人事经理 **工作内容：**了解调度部员工工作状况、作业效率等，发现存在的问题，明确考核目的 **涉及岗位：**人事专员、调度部主管
确定调度部绩效考核的原则	**负责岗位：**人事经理 **工作内容：**讨论如何开展绩效考核，明确绩效考核的依据，确定考核原则 **涉及岗位：**人事专员、调度部主管
明确绩效考核方案的适用范围	**负责岗位：**人事经理 **工作内容：**讨论绩效考核的对象，明确绩效考核方案的适用范围 **涉及岗位：**人事专员、调度部主管
明确调度部绩效考核的程序	**负责岗位：**人事经理 **工作内容：**讨论绩效考核的步骤，明确相关的考核指标、考核时间节点、考核结果处理 **涉及岗位：**人事专员、调度部主管
开展调度部绩效考核工作	**负责岗位：**人事经理 **工作内容：**按照程序开展绩效考核，务必做到公平、公正、公开 **涉及岗位：**人事专员、调度部主管
公布调度部绩效考核的结果	**负责岗位：**人事经理 **工作内容：**公布调度部绩效考核结果 **设计岗位：**人事专员
完毕	

二、学习步骤

（一）课前自主学习

1. 课前思

请根据"思政小课堂"分析思考：梅兰芳是一个什么样的人？作为名人需要具备这样的素质吗？我们应如何向梅兰芳学习？

2. 课前学

观看任务微课，并完成小测验。相关理论知识见本教材"必备知识"部分。

3. 课前做

你的舍友甲因综合表现出色，被班级评选为"校级三好学生"，拿到三好学生证书的甲某在宿舍同学面前吹嘘道："哈哈，又多了张证书，现在这证书真是多得没地方放了。早就说过，张晓兰的成绩不如我，虽说她好人好事做得比我多，但是综合来看，她和我比差远了。估计毕业前全班都找不到对手，真没劲……"。对舍友甲某的吹嘘，你有何体会？说说你的感想。

（二）课中协作学习

1. 课中查

对课前学习任务的完成情况进行自查，根据学习不足之处，调整下一阶段的学习方法，制定新的学习策略，提升学习效果。

2. 课中练

第一步，组建团队，明确分工。一队一般有四到六人，模拟人事部职员，各队选队长一名，模拟人事经理，负责落实任务分工、监督任务实施、收发任务资料、汇报项目成果等；各队员模拟人事专员，均需编制完成《乐实农配公司调度部绩效考核报告》。

第二步，按照第一部分的工作流程图模拟实施任务。首先，确定"课前做"环节的"班级好干部的标准"任务已完成。其次，本次任务采取团队讨论与个人分析相结合的方式，各团队成员之间可以讨论明确调度部绩效考核的目的、原则、程序、主要指标等内容，但调度部绩效考核报告由各队员单独完成。过程中，如遇问题或有疑惑直接举手向教师求助。

第三步，各"人事专员"编制《乐实农配公司调度部绩效考核报告》。

3. 课中评

各团队依次汇报成果，各"人事经理"简述部门"人事专员"在讨论会上的表现，各"人事专员"汇报说明乐实农配公司调度部绩效考核结果。最后，教师对各队表现进行评价。

（三）课后探究学习

根据专业理论知识的学习及实训练习，结合自身体会撰写有一定深度的学习感悟，就学到的知识及掌握的技能在未来职业中的应用或创新发表感悟，要求50字以上，请在课后三日内完成。

扫描二维码，进入思政小课堂

扫描二维码，观看微课

扫描二维码，完成小测验

三、学习成果

乐实农配公司调度部绩效考核表(2021年度)					
任务名称	调度部绩效考核	实施方法	模拟考核	成果归属	个人
成果形式	考核表	姓名		任务得分	
考 核 内 容					
序号	KPI 指标及指标值	权重	绩效目标值		考核得分
1					
2					
3					
4					
5					
6					
7					
8					
9					
10					
本次考核总得分					
考核指标说明					
考核结果及应用	部门绩效考核得分	95 分以上	86~95 分	76~85 分	60~75 分	60 分以下
	部门绩效评定等级	杰出	优秀	良好	普通	需改进
	部门绩效奖励发放比例	15%	10%	10%	5%	0
	部门年终奖金发放标准	5 万元	3 万元	1 万元	0	0
被考核部门负责人签字: 考核人签字:					

第二部分 必备知识

一、农产品配送公司调度部职责描述

(一) 调度部部门职责

(1) 负责公司配送车辆的采购、使用、维护与管理;

（2）负责公司调度部门的岗位设置规划、岗位人员的招聘、培训与管理；

（3）负责公司调度成本的分析与控制；

（4）负责公司配送路线的编制与优化。

（二）调度部相关岗位职责

1. 调度主管职责

（1）负责制订年度工作计划，负责配送中心所有货运车辆的维护与管理；

（2）负责配送中心调度员、驾驶员、送货员的监督、培训与管理；

（3）负责配送车辆的在途监控管理、行驶线路管理，负责在途农产品温度数据管理；

（4）负责管控配送作业质量，进行成本分析优化，包括各项目KPI、承运商KPI等；

（5）负责汇总、分析配送数据，提交配送报表，持续优化配送路线，提高配送时效性；

（6）结合公司配送业务量大小，协调社会车辆及社会货运资源，充分实现配送车辆的社会化，降低配送成本；

（7）及时处理车辆物流环节中出现的意外事件，必要时及时安排车辆进行驳货，并根据各客户应急反馈方式及时进行反馈和沟通。

2. 调度员工作职责

（1）在配送主管的领导下开展工作，协助主管抓好规章制度的落实；

（2）根据配送任务，通过运输管理系统（TMS）调度车辆，规划配送线路，力争路线规划最优化；

（3）根据配送任务、车辆调度结果安排合适的驾驶员、送货员进行配送工作；

（4）负责驾驶员、送货员的考勤工作，做到服务热情、调度合理，让客户、领导和司机"三满意"；

（5）开展配送车辆的在途监督与管理，实时监控配送车辆在途温湿度，确保农产品安全；

（6）抓好车辆的安全检查工作，协助统计做好各种数据的统计报表工作。

二、农产品配送公司调度部主要绩效考核指标

（一）车辆完好率

车辆完好率是指某时段内，调度中心完好配送车辆占总配送车辆的比例，一般为完好配送车辆数与配送车辆总数的商。车辆完好率是反映配送车辆完好状态的指标，也是反映调度中心车辆管理能力的指标，这一指标值越大，表示配送中心的配送车辆可用性越强。

$$车辆完好率 = \frac{完好配送车辆数}{配送车辆总数} \times 100\%$$

（二）配送计划完成率

配送计划完成率是指某时段内，调度部计划配送任务的完成情况，一般为实际完成的配送数量与计划完成的配送数量的商。配送计划完成率是反映配送计划执行情况的指标，这一指标值越大，表示调度部配送工作执行力强，配送能力也就越强。

$$配送计划完成率 = \frac{实际完成的配送数量}{计划完成的配送数量} \times 100\%$$

（三）冷藏车辆占有率

冷藏车辆占有率是指某时段内,农产品配送中心冷藏车辆的占比情况,一般为冷藏车辆数与配送车辆总数的商。冷藏车辆占有率是反映配送中心冷藏运输能力的指标,使用冷藏车进行农产品配送是保障农产品质量、降低农产品损耗的重要途径,这一指标值越大,表示配送中心进行冷藏配送的能力越强。

$$冷藏车辆占有率 = \frac{冷藏车辆数}{配送车辆总数} \times 100\%$$

（四）配送路线调整率

配送路线调整率是指某时段内,驾驶员在配送作业过程中,因各种因素申报调整配送路线的比例,一般为调整配送路线次数与配送路线总数的商。配送路线调整率是反映调度中心规划配送路线能力的指标,这一指标数值越大,表示调度中心路线规划能力越低。

$$配送路线调整率 = \frac{调整配送路线次数}{配送路线总数} \times 100\%$$

（五）完成运量及时率

完成运量及时率是指某时段内,配送车辆按配送要求时间完成的运量吨数占总完成运量吨数的商。完成运量及时率是反映配送任务完成及时率的指标,这一指标数值越大,表示公司配送服务时效越高。

$$完成运量及时率 = \frac{按配送要求时间完成的运量吨数}{完成的总运量吨数} \times 100\%$$

（六）配送货损率

配送货损率是指某时段内,配送过程中损耗农产品与配送总农产品的占比,一般为农产品损耗金额与配送农产品总金额的商。配送货损率是反映控制配送农产品损耗质量的指标,这一指标数值越大,表示配送中损耗的农产品价值越高,公司控制配送农产品损耗的能力越差。

$$配送货损率 = \frac{农产品损耗金额}{配送农产品总金额} \times 100\%$$

（七）单位配送成本降低率

单位配送成本减低率是指某时段内,配送中心开展成本控制的过程中单位配送成本的降低情况,一般为单位配送成本降低额与单位配送成本预算额的商。单位配送成本降低率是反映配送中心成本控制能力的指标,这一指标数值越高,表示配送成本控制能力越强。

$$单位配送成本降低率 = \frac{单位配送成本降低额}{单位配送成本预算额} \times 100\%$$

（八）装卸标准合格率

装卸标准合格率是指某时段内,调度中心送货员按照公司装车配载工作流程执行的装载情况,一般为抽样调查装卸合格车次数与抽样调查车次总数的商。装卸标准合格率反映了送货员执行公司装卸标准的情况,这一指标数值越大,表示送货员执行公司装卸标准的情况越好,也代表调度中心的管理能力越强。

$$装卸标准合格率 = \frac{抽样调查装卸合格车次数}{抽样调查总车次数} \times 100\%$$

(九) 车辆吨位满载率

车辆吨位满载率是指某时段内,配送中心各配送车辆的满载情况,一般为配送车辆实际装载吨位与配送车辆核定装载吨位的商。车辆吨位满载率是反映配送车辆使用率的指标,与空载率相反,这一指标数值越大,表示配送中心车辆利用率越高。

$$车辆吨位满载率 = \frac{配送车辆实际装载吨位}{配送车辆核定装载吨位} \times 100\%$$

(十) 配送延迟率

配送延迟率是指某时段周期范围内,农产品配送车辆不能按时发车或者不能按时送达客户车次的占比情况,一般为配送延迟车次与配送总车次的商。配送延迟率是反映配送时效性的指标,这一指标数值越大,表示不能按时送达客户的车次越多,公司配送时效性越差。

$$配送延迟率 = \frac{配送延迟车次}{配送总车次} \times 100\%$$

第三部分　新概念、新技术、新标准

扫描二维码,
了解新概念、
新技术、新标准

第四部分　拓展知识

扫描二维码,
学习更多知识

参考文献

［1］马俊生.配送管理［M］.北京：机械工业出版社,2017.

［2］刘昌棋.物流配送中心拣货系统选择与设计［M］.北京：机械工业出版社,2004.

［3］李斌成.配送作业实务［M］.北京：化学工业出版社,2018.

［4］陈鸿雁.配送中心运营管理［M］.北京：北京交通大学出版社,2013.

［5］王国文,赵海然.供应链管理［M］.北京：机械工业出版社,2017.

［6］李海民,薛刚.物流配送实务［M］.北京：北京理工大学出版社,2019.

［7］刘会业.现代物流管理［M］.北京：中国农业出版社,2017.

［8］吴理门.配送作业与管理［M］.武汉：武汉大学出版社,2011.

［9］龚双江.农产品贮藏加工［M］.北京：高等教育出版社,2002.

［10］刘慧娟,顾全根.物流成本管理［M］.北京：国防工业出版社,2013.

［11］李加明.连锁企业物流配送中心运营实务［M］.北京：北京理工大学出版社,2014.

［12］李玉民.配送中心运营管理［M］.北京：电子工业出版社,2018.